EL EMOCIONÓMETRO DEL INSPECTOR DRILO
© Text: Susanna Isern
© Illustrations: Mónica Carretero
© NubeOcho, 2016
All rights reserved. No part of this book may be reproduced, transmitted, broadcast or stored in an information retrieval system
in any form or by any means, graphic, electronic or mechanical, including photocopying, taping and recording,
without prior written permission from the Publisher.
Korean translation rights arranged through Orange Agency on behalf of S.B.Rights Agency-Stephanie Barrouillet
Korean translation © Charlie Book Publishing, 2023
Translated from English into Korean.

이 책의 한국어판 저작권은 오렌지 에이전시를 통한 저작권사와의 독점 계약으로 찰리북에 있습니다.
신 저작권법에 의해 한국 내에서 보호를 받는 저작물이므로 무단 전재와 복제를 금합니다.

드릴로 탐정과 함께하는 어린이 심리학의 첫걸음
이건 어떤 감정이에요?
초판 1쇄 발행 2023년 3월 10일

글 수산나 이세른 | **그림** 모니카 카레테로 | **옮김** 김서윤
펴낸이 박철준 | **편집** 신지원 정미리 | **디자인** 디자인서가
펴낸곳 찰리북 | **출판등록** 2008년 7월 23일(제313-2008-115호)
주소 서울시 마포구 동교로18길 33, 201(서교동, 그린홈)
전화 02)325-6743 | **팩스** 02)324-6743
전자우편 charliebook@gmail.com | **인스타그램** instagram.com/charliebook_insta
블로그 blog.naver.com/charliebook

ISBN 979-11-6452-055-8 73180

• 이 책은 『악어 형사의 감정 탐구 생활』을 개정 증보한 책입니다.
• 잘못된 책은 구입하신 곳에서 바꾸어 드립니다.
• KC마크는 이 제품이 공통안전기준에 적합하였음을 의미합니다.

이건 어떤 감정이에요?

드릴로 탐정과 함께하는　　　어린이 심리학의 첫걸음

글　수산나 이세른
그림　모니카 카레테로
옮김　김서윤

찰리북

차례

드릴로 탐정의 사건 파일 **0**
사슴은 왜 갑자기 달아났을까? ·········· 12

대표적인 감정들

기쁨 ·········· 26
드릴로 탐정의 사건 파일 **1**
다람쥐는 왜 웃고 있을까?

슬픔 ·········· 30
드릴로 탐정의 사건 파일 **2**
꼬꼬댁 거리에 폭포수가 생긴 이유는?

화 ·········· 34
드릴로 탐정의 사건 파일 **3**
왜 내 수프에는 파리가 한 마리도 없는 거야?

무서움 ·········· 38
드릴로 탐정의 사건 파일 **4**
막내 들쥐야, 왜 그러니?

부러움 ·········· 42
드릴로 탐정의 사건 파일 **5**
꼬마 양의 일기장

질투 ·········· 46
드릴로 탐정의 사건 파일 **6**
불곰네 둘째 딸은 왜 이상해졌을까?

놀람 ······ 50
드릴로 탐정의 사건 파일 **7**
코끼리의 표정에 숨은 비밀

부끄러움 ······ 54
드릴로 탐정의 사건 파일 **8**
사라진 늑대를 찾아라!

역겨움 ······ 58
드릴로 탐정의 사건 파일 **9**
여우는 왜 코에 빨래집게를 하고 있을까?

사랑 ······ 62
드릴로 탐정의 사건 파일 **10**
드릴로 탐정의 특별한 감정

감정 사용법

기쁨 사용법	72
슬픔 사용법	74
화 사용법	76
무서움 사용법	78
부러움 사용법	80
질투 사용법	82
놀람 사용법	84
부끄러움 사용법	86
역겨움 사용법	88
사랑 사용법	90

감정 측정기를 직접 만들어 봐요! ······ 92

다양한 감정을 이해하고 올바르게 표현해 봐요

우리는 매일매일 다른 일들을 겪으며 그 상황에 맞게 행동을 해요. 모두 감정 덕분이랍니다. 감정은 우리가 살아가는 데 무척 중요하고 꼭 필요한 거예요.

감정은 우리가 문제를 해결하거나, 위험을 피하거나, 도움을 구하거나, 새로운 환경에 적응하도록 도와줘요. 감정을 가지고 있어서 우리는 주위 사람들과 어울려 살고 우리 스스로를 잘 이해할 수 있어요.

감정이 제대로 작동할 때는 아무 문제가 없어요. 그런데 감정이 우리를 골탕 먹일 때가 있어요. 상황에 맞지 않는 엉뚱한 감정이 일어난다든지, 감정이 지나치게 강렬하다든지, 또는 감정이 너무 오래 지속될 때가 바로 그런 경우죠.

그래서 우리는 감정뿐만 아니라 감정을 잘 다루는 방법도 알아야 해요. 자신의 감정과 다른 사람의 감정을 정확히 이해하고 그 감정에 맞게 행동할 수 있어야 한답니다.

감정을 확인하고 이해하고 올바르게 표현하면서 자기 마음 상태를 돌보자. 그게 바로 이 책의 목표야!

이 책에서 여러분을 도와줄 친구들을 소개합니다!

★ 드릴로 탐정

숲속 마을의 유명한 탐정이에요. 감정에 대해 모르는 게 없는 감정 전문가이기도 하답니다. 숲속 마을에서 벌어진 여러 가지 사건을 멋지게 해결했어요.
그동안 자기가 해결한 사건들과 감정에 대한 모든 것을 여러분에게 이야기해 줄 거예요.

★ 감정 요정들

각각의 감정을 대표하는 꼬마 요정들이에요. 자기가 대표하는 감정의 특징을 소개하죠. 그리고 우리가 그 감정을 느낄 때 어떤 일들이 일어나는지 알려 준답니다.

★ 감정 측정기

드릴로 탐정이 만든 발명품이에요. 이것만 있으면 어떤 감정이 얼마나 강하게 생겨났는지 확인할 수 있어요.

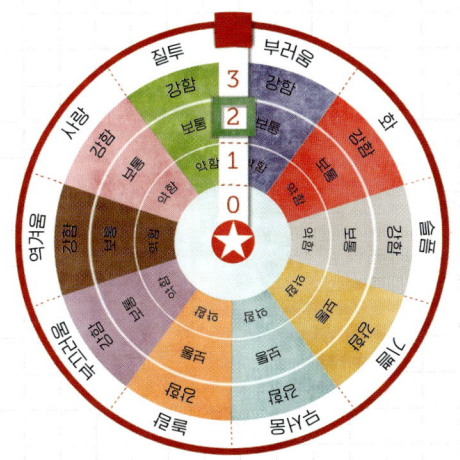

울보 꼬마 악어 드릴로, 감정을 추리하는 탐정이 되다

어렸을 적 꼬마 악어 드릴로는 툭하면 눈물을 터뜨렸어요. 매일매일 울어 댔죠.

아침에도 울고, 낮에도 울고, 밤에도 울고…….

혼자 있을 때도 울고, 누군가와 함께 있을 때도 울고, 깨어 있을 때도 울고, 잠잘 때도 울고…….

가족과 친구들이 물었어요. "드릴로야, 왜 그러니? 왜 그렇게 울어?"

하지만 드릴로는 뭐라고 대답해야 할지 알 수 없었어요. 왜 우는지 자기도 몰랐거든요.

어느 날, 드릴로네 집에 손님이 찾아왔어요. 아주 나이 많은 거북이였어요.

거북이는 전 세계 곳곳을 여행해서 아는 것이 아주 많았지요.

거북이가 드릴로에게 말했어요. "왜 자꾸 눈물이 나는지 알고 싶다고? 이유랄 게 있나. 악어들은 원래 눈물을 잘 흘리는 동물인걸. 오죽하면 '악어의 눈물'이라는 말도 있겠니."

하지만 거북이의 친절한 설명에도 드릴로는 성이 차지 않았어요.

드릴로는 꼭 이유를 알고 싶었어요. 그래서 주위에 질문하고 또 질문했어요.

그러다 보니 궁금한 것이 더 많아졌어요. 왜 누구는 항상 신경질적으로 웃을까? 왜 누구는 무더운 한여름 밤에도 몸을 바르르 떨까? 왜 누구는 갑자기 소리를 지르고 얼굴이 온통 빨개질까?

드릴로는 모두 알고 싶었죠. 그래서 숲속 마을 동물들을 관찰하기 시작했어요.

마을 광장에서, 공원에서, 학교 운동장에서 드릴로는 끄적끄적 수첩에 뭔가를 쓰며 한참을 앉아 있곤 했어요.

그렇게 시간이 흘렀어요. 드릴로는 감정에 관한 사건을 해결하는 유명한 탐정이 되었어요. 이제 숲속 마을 주민들은 무언가 문제가 생기면 드릴로 탐정에게 연락해서 도와 달라고 한답니다.

우리는 감정 요정들!

안녕!
이제부터 우리가 감정에 대해
많은 것을 이야기해 줄 거야.
우리와 함께
네 마음속에서 무슨 일이
일어나는지 알아보자!
먼저 우리 이름과
우리가 대표하는 감정들을
알려 줄게.

야호
기쁨

벌벌이
무서움

훌쩍이
슬픔

나야나
질투

볼빨간
부끄러움

감정이란 무엇일까요?

감정의 세계를 여행하기 전에 먼저 감정이란 무엇인지 알아야겠지? 자, 시작해 보자!

감정이란 어떤 상황이 벌어졌을 때 우리가 가지게 되는 기분을 의미해요. 그 기분은 즐겁거나 편안한 쪽일 수도 있고, 불쾌하거나 위험한 쪽일 수도 있어요. 어떤 경우든 감정을 느끼면 그 감정의 종류에 따라 우리 몸에 변화가 일어나요. 그래서 우리는 그 상황에 맞게 행동할 수 있답니다.

감정이 생기는 과정을 살펴보아요.

1. 상황
학교, 공원, 숲, 집 등 우리 주위에서 어떤 상황이 벌어져요.

2. 해석
그 상황을 관찰하고 해석해요. 평소에 하던 생각, 그 상황이 벌어지기 전에 하고 있던 일, 그 순간의 기분에 따라 해석이 달라질 수 있어요.

→ 변화가 일어나요.

기분이 변하는 것이 느껴져요. 즐거운 쪽으로 변할 수도 있고 불쾌한 쪽으로 변할 수도 있어요.

3. 감정

상황을 어떻게 해석하느냐에 따라 다른 감정이 생겨나요. 이 감정은 우리 안에서 변화를 일으켜요.

몸이 변하는 것도 느껴져요. 심장이 두근두근할 수도 있고 숨이 가빠질 수도 있어요.

4. 행동

이 변화들에 따라 우리는 특정한 방식으로 행동을 해요.

드릴로 탐정의 사건 파일 0
사슴은 왜 갑자기 달아났을까?

어느 화창한 여름날 오후였어요.

드릴로 탐정은 숲속 마을에 흐르는 강을 따라 산책하고 있었어요.

마침 이웃에 사는 사슴이 강둑에 앉아 있는 것이 보였어요.

사슴은 물속에 발을 담근 채 콧노래를 흥얼거리더니 물속으로 들어가는 거예요.

그런데 갑자기 콧노래를 멈추더니 몇 초 동안 가만히 있었지요. 아마도 무언가를 발견한 것 같았어요.

곧이어 사슴은 허겁지겁 물속에서 빠져나와 곧장 집으로 달려갔죠.

드릴로 탐정은 이 모든 과정을 관찰하고는 작은 수첩을 꺼내 열심히 무언가를 적어 내려갔답니다.

드릴로 탐정의 수첩을 살짝 들여다볼까요?

상황

행동

사슴이 강에서 더위를 식히던 중
무언가를 발견함.

사슴이 콧노래를 멈추고 가만히 있다가
벌떡 일어나 부리나케 달아남.

사슴이 무언가를 발견했다.

그리고 사슴이 달아났다.

이사이에 어떤 상황이 벌어진 걸까?

중요한 정보가 빠졌어.

사슴에게 무슨 일이 일어난 건지

정확하게 설명해 줄 정보가 필요해.

다음 날, 드릴로 탐정은 사슴네 집의 문을 두드렸어요. 사슴은 반가워하며 집 안으로 들어오라고 하고는 따뜻한 차를 대접했죠.

"사슴 씨, 잘 지내셨어요? 실은 어제 강가에서 사슴 씨를 봤어요. 그런데 제가 인사를 드리기도 전에 사슴 씨가 갑자기 달아나시더군요."

"맞아요, 그랬죠. 꿀벌들 때문이었어요. 제 주위에 수십 마리나 몰려들었지 뭐예요."

"꿀벌들 때문이었군요. 어째서 달아나야겠다고 생각하셨나요?"

"꿀벌은 위험할 수 있거든요. 여러 마리에게 동시에 쏘이면 병원에 실려 갈 수도 있어요."

"맞는 말씀입니다. 흠…… 그렇다면 몸에 어떤 변화가 일어났나요?"

"글쎄요……. 아, 탐정님이 물어보시니 생각이 나네요. 맞아요, 몸에 변화가 일어났어요. 꿀벌들이 가까이 오는 것을 눈치채자마자 다리가 후들거리기 시작했어요! 머리털이 쭈뼛 섰고 심장이 쿵쾅거렸어요!" 사슴의 목소리가 커졌어요.

"고맙습니다. 사슴 씨에게 무슨 일이 일어난 건지 이제 알 것 같네요."

드릴로 탐정은 수첩에 또 뭐라고 썼을까요?

1. 상황

사슴이 강에서 더위를 식히다가 벌들이 떼 지어 다가오는 것을 발견함.

2. 해석

사슴은 이 상황을 위험한 것으로 해석함.

3. 감정

사슴의 기분이 불쾌한 쪽으로 변함.
곧이어 사슴의 몸에 변화가 일어남.
다리가 후들거림. 머리털이 쭈뼛 섬. 심장이 쿵쾅거림.

4. 행동

사슴은 콧노래를 멈추고 가만히 있다가 결국 달아남.

내가 내린 결론

이 사건에서 사슴이 느낀 감정은 **무서움**이다.

하품이 나요 목젖이 보일 만큼 입이 커다랗게 벌어져요. 그러고는 숨을 깊이 들이쉬고 내쉬어요.

기침이 나요 감기에 걸리지 않았는데도 자꾸 기침이 나와요. 기침 소리가 풍선이 빵 터질 때처럼 요란해요. 더 심할 때는 사자가 으르렁대는 소리 같아요.

나는 우리 하……하……하……할……할……할머니의 할머니 댁에 가는 길이야.

한숨을 쉬어요 숨을 깊게 들이마셨다가 내뱉으면서 "하아" 하는 소리를 내요. 끝부분을 길게 늘일 수도 있어요.

하아아아……

말을 더듬어요 단어가 잘 떠오르지 않아요. 혀가 딱딱하게 굳은 것 같아요. 그러다 보니 말이 더듬더듬 나와요.

몸이 가려워요 개미들이 몸 구석구석을 기어 다니는 것만 같아요. 머리, 귀, 팔, 다리, 발가락…… 온몸이 근질근질해요! 긁는 것을 멈출 수가 없어요. 그런데 긁을수록 더 가렵지 뭐예요.

얼굴이 붉어져요 몸에서 열이 나요. 그러면서 특히 얼굴이 벌겋게 달아올라요. 거울을 들여다보니 얼굴 대신 웬 커다란 토마토가 있네요.

배가 아파요
속이 너무 쓰려요. 시큼한 체리 한 바가지를 꿀꺽 삼킨 기분이에요. 실은 체리 한 알도 먹지 않았는데 말이에요. 음식을 잘못 먹었기 때문에 배가 아픈 게 아니라 다른 이유 때문이에요.

눈물이 나요 눈에 눈물이 가득 차요. 뺨 위로 눈물이 한 줄기 비처럼 흘러내려요. 슬퍼서 우는 것일 수도 있고, 기뻐서 우는 것일 수도 있고, 화나서 우는 것일 수도 있어요.

다리가 후들거려요
다리가 저 혼자 막 덜덜덜 움직여요. 앉아도 계속 덜덜 떨려요. 마치 이쪽저쪽으로 튕겨 나가는 용수철이 달린 것 같아요.

에에에에······

취이이이!!!

재채기가 나요 코와 입으로 공기가 터져 나와요. 작은 폭발이 일어난 것처럼요. 이 공기 안에는 침과 콧물이 섞여 있기도 해요. 그래도 재채기를 하면 엄청나게 시원하답니다.

드릴로 탐정의 가방을 공개합니다!

훌륭한 탐정들은 누구나 중요한 도구가 가득 든 가방을 들고 다녀요. 드릴로 탐정도 언제나 가방을 손에 꼭 쥐고 다닌답니다. 드릴로 탐정의 가방 안에는 무엇이 들어 있을까요?

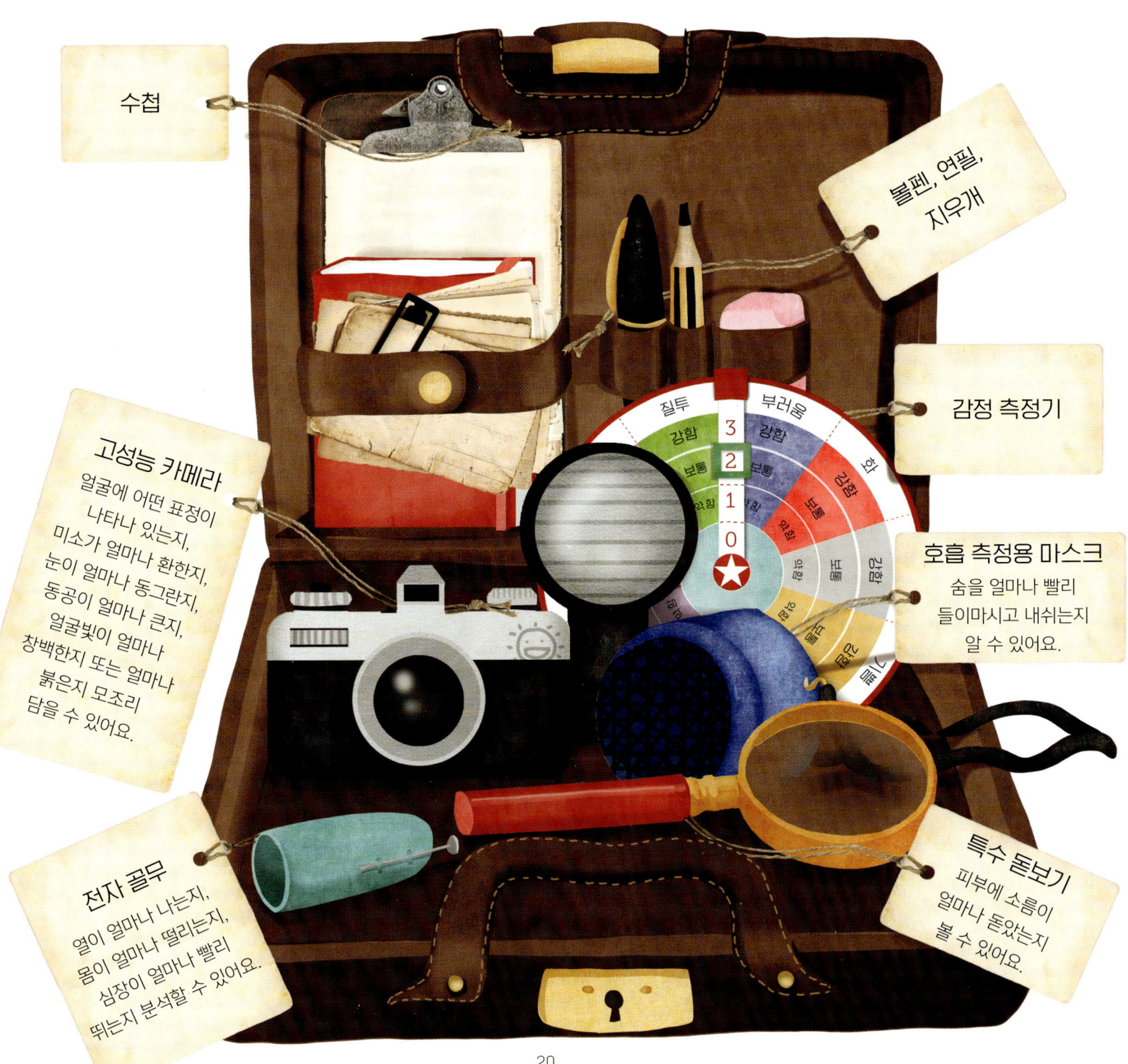

수첩

볼펜, 연필, 지우개

감정 측정기

고성능 카메라
얼굴에 어떤 표정이 나타나 있는지, 미소가 얼마나 환한지, 눈이 얼마나 동그란지, 동공이 얼마나 큰지, 얼굴빛이 얼마나 창백한지 또는 얼마나 붉은지 모조리 담을 수 있어요.

호흡 측정용 마스크
숨을 얼마나 빨리 들이마시고 내쉬는지 알 수 있어요.

전자 골무
열이 얼마나 나는지, 몸이 얼마나 떨리는지, 심장이 얼마나 빨리 뛰는지 분석할 수 있어요.

특수 돋보기
피부에 소름이 얼마나 돋았는지 볼 수 있어요.

드릴로 탐정의 놀라운 발명품, 감정 측정기

드릴로 탐정의 가방에는 비밀스러운 공간이 있어요. 그곳에는 가장 중요한 도구가 들어 있죠. 드릴로 탐정이 그동안 조사한 사건들을 바탕으로 감정 전문가들의 조언을 받아 직접 만든 도구예요.

어떤 사건이 일어나면 드릴로 탐정은 감정을 확인하고 측정해요. 꽤 까다로운 작업이지만, 이 도구만 있으면 문제없답니다.

드릴로 탐정은 이 도구를 **감정 측정기**라고 불러요.

★ 이 책의 뒤편에 감정 측정기가 실려 있어요.
  찰리북 블로그에서도 감정 측정기를 내려받을 수 있어요.
  blog.naver.com/charliebook

감정 측정기는 이렇게 사용해요

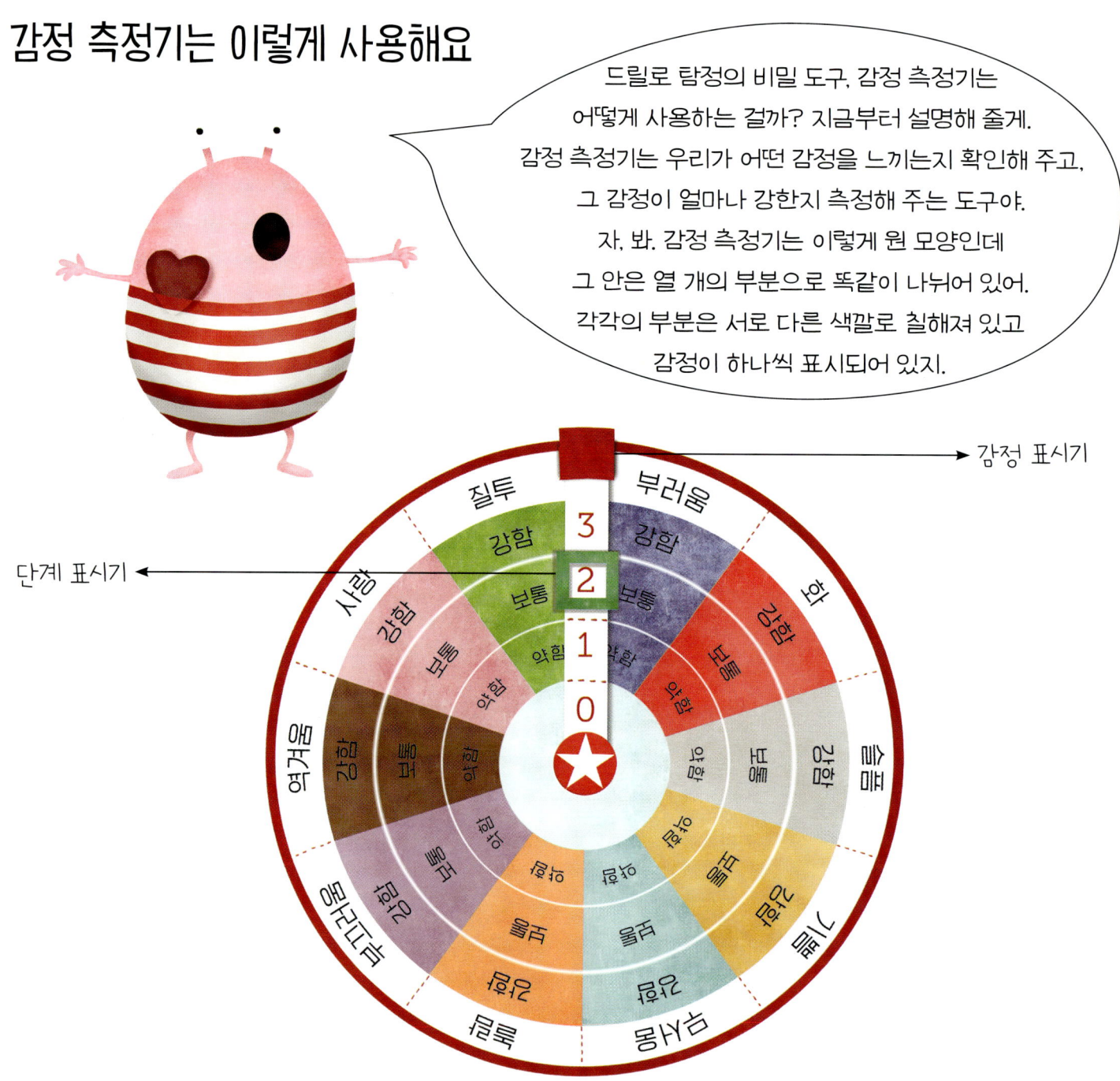

감정 표시기로 기쁨, 슬픔, 화, 무서움, 부러움, 질투, 놀람, 부끄러움, 역겨움, 사랑이라는 감정 중에 하나를 표시할 수 있어요. 여러분이 느끼고 있는 감정을 골라서 그 위로 감정 표시기를 움직여요.

그런 다음, 감정의 단계를 표시해요. **단계 표시기**로 0부터 3까지 네 가지 단계 중 하나를 표시할 수 있어요. 여러분이 느끼고 있는 감정이 얼마나 강한지에 따라 단계 표시기를 움직여요.

어떤 감정, 어떤 단계를 표시할지는 여러분이 스스로 판단하면 돼요.

감정의 네 가지 단계

0단계 특별한 감정이 없는 단계예요. 딱히 감정이 느껴지지 않아요. 마치 감정이 잠들어 있는 것 같아요.

1단계 감정이 약하게, 가볍게 느껴져요.

2단계 감정이 꽤 느껴져요. 보통보다 조금 더한 정도이지요.

3단계 감정이 강하게 느껴져요. 무지무지 엄청나게 강렬하지요!

대표적인 감정들

감정 측정기로 여러분의 감정을 제대로 확인하기 위해서는 먼저 여러 종류의 감정에 대해 알아야 해요. 대표적인 감정으로 기쁨, 슬픔, 화, 무서움, 부러움, 질투, 놀람, 부끄러움, 역겨움, 사랑이 있답니다. 이 감정들의 특징을 차례로 살펴보고 드릴로 탐정의 사건 파일을 들여다봐요. 그러면 각각의 감정을 잘 이해할 수 있을 거예요.

> 자, 이제 각각의 감정에 대해 이야기해 보자. 나는 항상 기분이 좋아. 그래서 이름이 '야호'야. 내가 어떤 감정을 대표하는지 알겠지? 맞아. 나는 기쁨을 대표해.

기쁨

기쁨은 좋은 일이 생겼을 때 느끼는 아주 즐거운 감정이에요.
기쁨을 느낄 때 우리는 미소를 짓고, 큰 소리로 웃고, 기운이 솟아요.

뺨이 올라가요.

웃어서 눈가에 주름이 져요.

입술이 반달 모양이 돼요.

감정 측정기로 우리가 얼마나 기쁨을 느끼는지 확인할 수 있어요. 우리가 웃을 때를 떠올려 보면 기쁨의 세 단계를 쉽게 알 수 있을 거예요. 간질간질한 느낌을 상상해 봐요.

1단계 – 약함

기쁨을 약간 느낄 때 우리는 기분이 좋아지고
마음이 편안해져요. 입가에 미소가 절로 떠올라요.
마치 누군가가 우리 목에 입김을 후 불어서
간질간질하게 만드는 것 같아요.

2단계 – 보통

기쁨을 꽤 느낄 때 우리는 윗니를 드러내며
활짝 웃어요. 기운이 넘치고 희망찬 기분이에요.
마치 작고 복슬복슬한 햄스터가 등 위에서 오르락내리락
종종거리고 있는 것 같아요.

3단계 – 강함

기쁨을 크게 느낄 때 우리는 윗니, 아랫니가
다 드러날 정도로 함박웃음을 지어요. 무엇이든
해낼 수 있을 듯한 기분이에요. 우리는 깔깔 웃고
폴짝폴짝 뛰고 "야호!" 하고 소리쳐요.
마치 누군가 큰 깃털로 발바닥과 발가락 사이사이를 마구
간지럽히는 것처럼 자꾸 웃음이 나와요.

드릴로 탐정의 사건 파일 1
다람쥐는 왜 웃고 있을까?

토요일 아침이었어요. 다람쥐가 싱글거리며 시장에 왔어요.
"좋은 아침이에요. 오늘 아주 행복해 보이네요. 새 신발을 신어서 그런가요?" 빵집 주인이 물었어요.
"아뇨, 아니에요." 다람쥐가 웃음을 머금고 대답했어요.
"안녕! 웃는 얼굴이 보기 좋네요. 햇살이 쨍쨍해서 기분이 좋은가 보죠?" 과일 가게 주인이 물었어요.
"아뇨, 그것도 아니에요." 다람쥐가 유쾌하게 대답했어요.
"어머나! 오늘 얼굴이 아주 빛이 나는군요. 물건을 굉장히 싸게 샀나 봐요?" 생선 가게 주인이 물었어요.
"완전히 틀렸어요." 다람쥐가 킥킥거리며 대답했어요.
이 모습을 마침 드릴로 탐정이 보았어요. 드릴로 탐정은 호기심이 들었죠.
"왜 그렇게 웃고 있는지 제가 알아맞혀 볼까요? 그 편지와 관련 있죠?" 드릴로 탐정이 다람쥐의 가방에서 삐죽 나와 있는 편지 봉투를 가리키며 물었어요.
"정확히 맞히셨어요, 탐정님! 오늘 아침에 이 편지가 도착했어요. 제 여동생이 보낸 거예요. 저희 집에 놀러 올 거래요. 그래서 제가 자신 있는 요리를 준비하려고요."

드릴로 탐정의 사건 수첩

다람쥐의 감정을 짐작할 수 있는 중요한 단서들

✓ 입꼬리가 귀에 걸리도록 웃었다.

✓ 작은 소리로 노래를 흥얼거렸다.

✓ 시장 곳곳을 폴짝폴짝 뛰어다녔다.

✓ 기운이 넘치고 즐거워 보였다.

✓ 밝은 목소리로 농담을 건넸다.

✓ 가게 주인들과 기분 좋게 대화를 나누었다.

오늘 아침 찍은 다람쥐의 사진

오랫동안 보지 못했던 가족이나 친구가 찾아오기로 하면 행복하고 신이 나는 법. 무척이나 반가운 마음에 특별한 뭔가를 준비하고 싶어지지.

다람쥐는 **기쁨**을 느끼고 있었던 것이 분명해.
그 감정이 얼마나 강하냐고 물어보니 다람쥐가
이렇게 말했어. 마치 조그마한 햄스터가 등에서
오르락내리락하고 있는 것 같다고.
나와 다람쥐가 함께 내린 결론. 다람쥐가 느끼는 감정은
감정 측정기의 **기쁨 2단계**야!

> 얘들아, 안녕. 내 이름은 '훌쩍이'야.
> 오늘 나는 정말 슬퍼. 하지만 걱정하지 마. 내가 슬픈 건 당연하니까.
> 왜냐하면 나는 슬픔이라는 감정을 대표하거든.

슬픔

어떤 일 때문에 기분이 상하면 우리는 슬픔을 느껴요. 슬픔을 느끼면 우리 눈과 입은 축 처진 채 딱딱하게 굳어요. 우리는 그저 멍하니 먼 곳을 바라볼 뿐이죠. 모든 것이 마냥 우울해요. 하루 종일 아무것도 하고 싶지 않아요.

눈꺼풀이 푹 꺼지고 아래로 처져요.

입꼬리가 아래쪽으로 향해요.

눈은 멍하니 먼 곳을 바라봐요.

감정 측정기로 우리가 얼마나 슬픔을 느끼는지 확인할 수 있어요. 슬픔이 비가 되어 내린다고 상상해 봐요. 그러면 슬픔의 세 단계를 쉽게 알 수 있을 거예요.

1단계 – 약함

슬픔을 약간 느낄 때 우리는 마음속에서 무언가 확 빠져나간 것 같은 기분이 들어요. 만약 이 슬픔이 비가 되어 내린다면 샤워기에서 가볍게 나오는 물 정도일 거예요. 조금 짜증스럽긴 해도, 뭐 그 정도는 참을 수 있죠.

2단계 – 보통

슬픔을 꽤 느낄 때 우리는 마음이 부서진 것 같고 절망적인 기분에 빠져요. 비가 주룩주룩 내려서 옷도 머리카락도 홀딱 젖은 것 같아요. 우산을 펴고 싶은데 깜빡 잊고 집에 두고 왔어요. 기껏 들고 나온 우산은 부러졌고요. 비를 피할 곳을 찾고 싶은데 어디로 가야 하는지 알 수가 없어요. 무엇을 해야 할지 몰라 거리를 터벅터벅 걸어요. 눈물을 참을 수가 없어요.

3단계 – 강함

슬픔을 크게 느낄 때 우리는 깊고 어두운 우물 속에 갇혀 있는 것만 같아요. 슬픔이 어찌나 큰지 홍수가 덮쳐 온 것 같죠. 하늘에 구멍이라도 난 듯 비가 퍼부어요. 뼛속까지 비에 젖은 기분이에요. 모든 것이 젖어 버려서 숨 쉬는 것조차 힘들어요. 홍수는 도무지 끝날 것 같지 않은데 종이배를 타고 정처 없이 떠돌아다니는 꼴이에요.

드릴로 탐정의 사건 파일 2
꼬꼬댁 거리에 폭포수가 생긴 이유는?

드릴로 탐정은 꼬꼬댁 거리에 있는 아파트 꼭대기 층에 올라갔어요. 그리고 문을 쾅쾅 두드리며 외쳤어요.

"암탉 여사, 문 여세요! 드릴로 탐정입니다. 이 상황을 그냥 두면 안 돼요! 이러다 꼬꼬댁 거리가 물에 잠기고 말 거예요! 제가 도와 드릴게요!"

마침내 문이 열리자 물이 폭포수처럼 쏟아져 나왔어요. 바닥에는 물이 흥건했고 한쪽에는 젖은 화장지가 산더미처럼 쌓여 있었어요.

암탉 여사는 구슬피 흐느껴 울고 있었어요. 몸을 제대로 가누지도 못할 정도였죠.

"제 친구가 자기가 낳은 달걀을 줬어요. 그것도 직접 예쁘게 색칠해서 말이에요. 그런데 그 소중한 알을 제가 떨어뜨려서 깨뜨리고 말았어요. 아, 이럴 수가! 어쩌면 좋아!"

"그랬군요! 기분이 안 좋은 게 당연하죠. 그래도 우리는 해결책을 찾아야 합니다. 친구에게 전화를 걸어서 사실대로 고백하세요."

"뭐라고요? 제정신이세요? 그러면 친구가 너무너무 실망할 거예요."

그 말에 아랑곳하지 않고 드릴로 탐정은 전화기를 내밀었어요. 암탉 여사는 마지못해 친구에게 전화를 걸었어요. 그러고는 울먹이다가 흐느끼다가 꺼이꺼이 울음을 터뜨리며 이야기를 했어요. 잠시 후 암탉 여사는 눈물을 멈추었어요. 전화기를 내려놓을 때는 미소까지 짓고 있었죠.

"탐정님 말씀이 옳았어요. 친구가 그러는데요, 그건 그냥 실수였으니까 자기는 전혀 화나지 않는대요."

드릴로 탐정의 사건 수첩

암탉 여사를 보니 딱 알 수 있었지. 암탉 여사가 느끼고 있는 감정은 **슬픔**이었어.

이런 모습들이 단서가 되었지.

✓ 집에 처박혀 있고 아무도 만나려 하지 않았다.

✓ 며칠째 음식을 전혀 먹지 않았고 꼴이 엉망이었다.

✓ 아무것도 하고 싶어 하지 않았다.

✓ 울고 또 울었다.

✓ 나의 조언에 비관적인 태도를 보였다.

✓ 사소한 일인데도 심각하게 생각했다.

무언가를 잃으면 슬픔을 느끼게 되지.
그 사실을 받아들이지 못하거나 해결책을
찾지 못하면 슬픔에서 벗어날 수 없어.

오늘 찍은 암탉 여사의 사진

분명 암탉 여사는 **슬픔**을 느끼고 있었어. 암탉 여사는 달걀과 관련된 사고가 나면 견디기가 너무 힘들다나.

아마 자기 머리 위에 시커먼 먹구름이 자꾸 따라다니는 기분이었을 거야. 나도 암탉 여사도 같은 결론을 내렸어. 이 감정은 감정 측정기에서 **슬픔 2단계**라고 말이지.

암탉 여사는 자기가 소중한 선물을 깨뜨려서 친구가 실망할 거라고 생각했어. 하지만 친구에게 솔직히 말하고 나니 둘의 우정에 금이 가지 않았다는 사실을 깨달을 수 있었지. 달걀이야 또 만들면 된다는 사실도. 그제야 암탉 여사는 안심했어.

걱정이 사라지면 슬픔도 멀리 사라질 수 있어. 실제로 암탉 여사의 슬픔은 사라졌지. 슬픔 0단계가 된 셈이야.

오히려 이제 암탉 여사는 기쁨 1단계를 느끼고 있군.

화

> 야, 난 두 번은 말 안 하니까 잘 들어! 내 이름은 '버럭이'야. 나는 항상 모든 게 짜증스러워. 지금 이 순간에도 화가 나. 여기 있기가 싫어서 화가 난다고! 그래, 맞아. 나는 화라는 감정을 대표해.

무언가 거슬리는 일이 일어나면 우리는 공격을 받은 것처럼 느껴요. 세상에서 가장 억울한 처지에 놓인 것만 같죠. 이럴 때 우리는 화에 휩싸이곤 해요.

화가 날 때 우리는 눈살을 찌푸리고, 눈을 가늘게 뜨고, 이를 바득바득 갈아요. 화는 신경을 곤두서게 해요. 이 감정이 지나치게 강해지면 참을성을 잃고 못되게 굴기도 한답니다.

- 눈썹 한쪽은 콧대를 향해 내려가고 다른 쪽은 높이 올라가요.
- 눈초리가 매서워져요.
- 입술이 구겨져요.

감정 측정기로 우리가 얼마나 화가 나 있는지 확인할 수 있어요. 화를 불에 비유해 보면 화의 세 단계를 쉽게 알 수 있을 거예요.

1단계 - 약함

화가 약간 날 때 우리 가슴속에는 무언가 뜨거운 것이 있는 것 같아요. 작은 불꽃이 타오르는 기분이에요. 무슨 일이 벌어지고 있는지 빨리 알아채기만 하면 그 작은 불꽃을 "후!" 불어서 쉽게 꺼 버릴 수 있어요. 불꽃은 일찍 끌수록 좋으니까요.

2단계 - 보통

화가 꽤 날 때 우리 가슴속에는 무언가 활활 타오르는 것이 있는 것 같아요. 작은 불꽃이 커져서 모닥불이 되었어요. 이 정도면 끄기가 영 쉽지 않아요. 게다가 조심하지 않으면 불이 다른 데로 번질 수도 있어요. 그래도 노력하면 불이 더 커지기 전에 끌 수 있을 거예요.

3단계 - 강함

화가 크게 날 때는 엄청난 불기둥이 발끝에서 머리끝까지 솟구치는 것 같아요. 도저히 손을 쓸 수가 없어요. 불기둥에 닿는 것은 모두 재로 변해 버려요. 이 불기둥을 끄려면 어지간한 노력으로는 힘들어요. 그래도 그냥 놔두어서는 안 되겠죠. 어마어마한 피해가 생길 수도 있으니까요. 화가 날 때 동시에 슬픔을 느낄 수도 있어요. 이 두 감정은 서로 연결되어 있는 경우가 많거든요.

드릴로 탐정의 사건 파일 3
왜 내 수프에는 파리가 한 마리도 없는 거야?

어느 날 저녁, 드릴로 탐정은 사슴과 함께 숲속 마을에서 가장 붐비는 식당에 갔어요. 바로 옆에는 개구리 가족이 앉아 있었죠. 아빠 개구리는 웨이터가 다른 테이블에 먼저 음식을 내놓자 무척 언짢아하며 소리쳤어요.

"웨이터! 우리 음식은요? 우리 배고프다고요!"

웨이터는 부엌으로 달려 들어갔어요. 그리고 얼마 후 김이 모락모락 나는 파리 수프가 담긴 냄비를 들고 나왔죠. 웨이터는 커다란 냄비에서 파리 수프를 떠서 개구리 가족에게 주려 했어요. 그런데 어이쿠, 발을 헛디디고 말았네요. 파리 수프가 테이블 위로 쏟아져 버렸죠. 웨이터는 머리를 조아리며 사과하고 테이블을 닦았어요. 그리고 다시 파리 수프를 가지러 갔는데 몇 분이 지나도록 돌아오지 않는 거예요. 얼굴이 벌겋게 달아오른 아빠 개구리는 나비넥타이를 풀어 버리고 냅킨으로 이마의 땀을 닦았어요.

마침내 웨이터가 다시 왔어요. 접시에 수프를 가득 채워 주면서 웨이터는 죄송하다고 거듭 사과했어요. 그런데 이런, 개구리 가족 중 몇몇이 수프가 식었다고 투덜대지 뭐예요. 최악은 아빠 개구리의 눈에 들어온 것이었어요. 더 정확하게 표현하자면, 아빠 개구리의 눈에 들어오지 않은 것이라고 해야겠네요.

"웨이터! 내 파리 수프에 파리가 한 마리도 없잖아요!" 아빠 개구리는 목이 쉬도록 소리를 질렀어요. 두 눈은 금방이라도 밖으로 튀어나올 것만 같았죠.

그러더니 아빠 개구리는 테이블보를 온 힘을 다해 잡아당겼어요. 수프, 접시, 안경…… 모든 것이 바닥에 떨어져 난장판이 되고 말았답니다.

드릴로 탐정의 사건 수첩

아빠 개구리의 식당 소동을 보고 나는 금방 알아냈지. 아빠 개구리는 **화**가 난 거야. 그리고 또 하나 알아냈어. 아빠 개구리가 느낀 화는 세 단계를 거치며 커졌다는 거야.

우선, 아빠 개구리는 음식을 너무 오래 기다려서 참을성이 바닥났어. '좀 화가 나는걸.' 하는 생각이 들었지. 이때 아빠 개구리의 화는 **1단계**였어.

아빠 개구리가 잠시 시간을 가지고 마음속 불꽃을 꺼서 없앴으면 좋았을 텐데.

하지만 아빠 개구리는 그렇게 하지 않았어. 오히려 불은 계속 커졌지. 웨이터가 수프를 엎지르자 아빠 개구리는 얼굴이 붉어졌고 땀을 흘렸어. 무언가 가슴을 짓누르는 것처럼 괴로웠지.

그 순간 아빠 개구리의 화는 **2단계**로 올라갔어.

저런, 작은 불꽃이었던 것이 이제 불기둥이 되고 있었어. 가족들이 수프가 식었다고 불평하기 시작한 거야. 엎친 데 덮친 격으로 아빠 개구리가 자기 수프를 들여다보니 파리가 한 마리도 없었지. 아빠 개구리는 마침내 폭발해서 참을성 따위는 던져 버리고 모든 것을 바닥에 내동댕이쳤어.

이쯤 되면 아빠 개구리의 화가 **3단계**가 되었다는 게 확실하지.

어쩌면 아빠 개구리가 그렇게까지 화가 난 데는 다른 원인들도 있었을 거야. 어쩌면 그날 안 좋은 일들이 자꾸만 일어났는지도 몰라. 기다리느라 피곤하고 배도 고팠을 테고. 사실 우리 모두 화를 낼 수도 있고 항의를 할 수도 있어. 하지만 그런 경우에도 공손하고 침착한 태도를 잃으면 안 되겠지?

> 안녕! 나는 '벌벌이'야.
> 왜 이런 이름을 가지게 되었느냐고? 내가 온갖 것을 다 무서워해서 항상 벌벌 떨고 있기 때문이야. 사실 지금도 무릎이 벌벌 떨려. 네가 나를 어떻게 생각할까 무서워서 말이야. 넌 날 겁쟁이로 보겠지? 어쩔 수 없어. 나는 무서움이라는 감정을 대표하니까.

무서움

무언가 위험하다는 생각이 들면 우리는 무서움을 느껴요. 무서움을 느끼면 눈이 확 커지고 입이 약간 벌어져요. 몸이 떨리고 땀이 나기도 하죠. 또 머릿속이 새하얘지면서 아무 생각도 나지 않는답니다.

눈꺼풀이 치켜 올라가요.

눈과 동공이 함께 커져요.

입이 반쯤 벌어진 채 그대로 굳어요.

감정 측정기로 우리가 얼마나 무서움을 느끼는지 확인할 수 있어요. 커다란 털북숭이 거미가 방 안에 있다고 상상해 봐요. 그러면 무서움의 세 단계를 쉽게 알 수 있을 거예요.

1단계 - 약함

무서움을 약간 느낄 때 우리는 의심이 많아지고 무언가 나쁜 일이 생길지도 모른다는 생각이 들어요.
방 안에 커다란 털북숭이 거미가 있는 것만 같아요. 다행히 거미는 유리 상자 안에 갇혀 있어요. 거미가 유리 상자에서 나올 수는 없을 거예요. 하지만…… 만약 탈출한다면 어쩌죠?

2단계 - 보통

무서움을 꽤 느낄 때 우리는 위험이 아주 가까이에 있다고 생각해요.
커다란 거미가 유리 상자에서 탈출해 방 안을 기어 다니고 있어요. 우리는 이불 속에 파묻힌 채 눈만 빼꼼 내밀어 거미를 바라봐요. 부디 거미는 우리를 보지 못하고 저 멀리 떨어져 있기를…….

3단계 - 강함

무서움을 크게 느낄 때 우리는 완전히 겁에 질려요. 곧 끔찍한 일이 벌어질 거라는 생각에 사로잡히죠.
세상에서 가장 크고 털이 부숭부숭 난 거미가 침대 위로 기어올라 우리에게 다가오고 있어요. 우리는 이불을 덮어쓰고 공처럼 몸을 웅크린 채 덜덜 떨고만 있죠.

드릴로 탐정의 사건 파일 4
막내 들쥐야, 왜 그러니?

한밤중인데도 들쥐 가족은 모두 깨어 있었어요. 집 안에 긴장감이 감돌았어요. 드릴로 탐정은 전화를 받자마자 들쥐네 집으로 왔어요. 다섯 쌍둥이의 방에 들어가 보니 막내 들쥐가 침대 한구석에 몸을 웅크린 채 부들부들 떨며 흐느껴 울고 있었어요. 엄마 들쥐는 침대에 앉아 막내 들쥐를 안고서 진정시키려 애쓰고 있었고요.

"무슨 일이죠?" 드릴로 탐정이 물었어요.

"한밤중에 막내 들쥐가 소리를 지르며 깨더니 마구 우는 거예요. 벌써 사흘 내내 이러고 있네요. 왜 그러는지 말하지도 않고요."
아빠 들쥐가 설명했어요.

"알겠습니다. 잠시 저 혼자 이 방에 있도록 해 주세요."

드릴로 탐정은 방에 홀로 남아 방문을 닫고 불을 껐어요. 몇 분이 흘렀어요. 드릴로 탐정은 방에서 나와 들쥐 부부에게 질문했어요.

"지난 사흘 사이에 이 방에 무언가 변화를 주신 게 있나요?"

"그러고 보니 있네요. 저 옷걸이를 새로 들여놓았어요." 엄마 들쥐가 확신에 찬 말투로 말했어요.

"그럴 줄 알았습니다. 한 가지 더 질문드리겠습니다. 며칠 전에 핼러윈이 있었죠. 막내 들쥐가 핼러윈 옷을 입고 사탕을 얻으러 다녔나요?"

"네. 저희 아이들은 모두 핼러윈 옷 입는 걸 좋아해요."

"그럼 이 무시무시한 검은 고양이 그림은 막내 들쥐가 그린 건가요?" 드릴로 탐정이 방에서 발견한 종이 여러 장을 집어 올리며 물었어요.

"맞아요, 탐정님. 막내 들쥐는 그림 그리는 걸 참 좋아하거든요."

드릴로 탐정의 사건 수첩

이 사건을 분석한 결과, 나는 막내 들쥐가 겁에 질렸다는 사실을 금세 알아냈어. 완전히 공포에 사로잡혀 있더군. 막내 들쥐의 이런 행동들이 단서가 되었지.

✓ 한밤에 비명을 질러서 온 가족을 깨웠다.

✓ 눈물을 줄줄 흘렸다.

✓ 몸을 덜덜 떨었다.

✓ 어찌할 바를 모르고 있었다.

✓ 그 자리에 얼어붙었다.

막내 들쥐의 감정은 감정 측정기에서 **무서움 3단계**였어. 대체 막내 들쥐는 무엇이 그토록 무서웠던 걸까?

나는 방에서 세 가지 단서들을 추가로 발견했어.

1. 할러윈에 동그라미가 쳐진 달력. 달력 위에는 "고양이와 올빼미의 밤"이라는 메모가 적혀 있었어.
2. 책상 위에 있는 무시무시한 검은 고양이 그림
3. 침대 옆에 서 있는 옷걸이. 방 안이 캄캄할 때면 뾰족한 발톱을 가진 커다란 고양이처럼 보이더군.

이 단서들로 나는 옷걸이가 원인이라는 것을 추리해 냈어. 막내 들쥐는 옷걸이가 무서운 고양이로 보여서 겁에 질린 거야.

내 이름은 '나도나도'야. 이름이 왜 그러냐고?
그야 남들이 가진 것이라면 뭐든 다 갖고 싶어 하니까.
친구에게 강아지가 생기면 나도 강아지를 갖고 싶어. 친구가 새 자전거를 사면
나도 새 자전거가 갖고 싶고. 친구가 머리를 땋으면 나도 머리를 땋고 싶지.
그래서 나는 부러움이라는 감정을 대표해.

부러움

부러움은 남들이 하는 일을 따라서 하고 싶다든가 남들이 가진 것을 따라서 갖고 싶은 감정이에요. 예를 들어, 멋진 곳으로 여행을 가는 것을 부러워할 수도 있고, 재미난 놀이를 하는 것을 부러워할 수도 있어요. 새 장난감을 가진 것을 부러워할 수도 있고, 반에서 인기가 많은 것을 부러워할 수도 있죠. 물결치는 부드러운 머리카락을 부러워할 수도 있고, 반짝반짝한 눈을 부러워할 수도 있답니다.

입술에 힘이 들어가 팽팽해지고 한쪽 입꼬리만 올라가요.

감정 측정기로 우리가 얼마나 부러움을 느끼는지 확인할 수 있어요. 작은 상자, 중간 상자, 큰 상자에 각각 그 크기만큼 부러움이 들어 있다고 상상해 봐요. 그러면 부러움의 세 단계를 쉽게 알 수 있을 거예요.

1단계 – 약함

내가 가지고 싶어 하는 것을 누군가 가지고 있으면 '와, 정말 좋겠다!' 하는 생각이 들어요. 그 순간 부러움을 약간 느끼는 거죠.
하지만 괜찮아요. 집에 돌아왔을 때는 이미 잊어버렸을 테니까요.
이때 부러움이 들어 있는 상자는 크기가 무척 작아요. 그리고 어느새 사라져 버리죠.

2단계 – 보통

누군가 뛰어난 일을 해서 상을 받는 모습을 보면 '나도 저 자리에 있고 싶다.' 하는 생각이 들어요. 그 순간 부러움을 꽤 느끼는 거죠.
인생이 조금은 불공평하다는 생각이 들 수도 있어요. '왜 쟤는 잘하는데 나는 안 되지? 왜 내가 아니라 쟤야?' 이런 생각이 집에 돌아온 후에도 계속 머릿속에서 맴돌아요.
이때 부러움이 들어 있는 상자는 크기가 중간 정도 돼요. 그 상자를 없애는 것은 쉽지 않아요. 그래도 시간이 지나면 차츰차츰 크기가 줄어들 거예요.

3단계 – 강함

내가 가지고 싶은 것을 누군가 아주 많이 가지고 있으면 부러움을 크게 느끼게 돼요. 마치 행운의 여신이 항상 나 말고 다른 사람만 예뻐하는 것 같아요. '쟤는 다 가졌네. 똑똑하고 잘생기고 인기도 많고. 왜 쟤만? 왜? 왜 그런 거야?' 이런 생각을 머릿속에서 떨칠 수가 없죠. 하지만 억울한 마음은 상황을 더 안 좋게 만들 뿐이에요.
이때 부러움이 들어 있는 상자는 무척 커다랗고 무거워요. 없애지도 못하죠. 부러움은 끝도 없이 몸을 불려 나간답니다.

드릴로 탐정의 사건 파일 5
꼬마 양의 일기장

꼬마 양은 숲속 마을 끄트머리에 있는 예쁜 집에서 엄마 양, 아빠 양과 함께 살고 있었어요. 꼬마 양이 혼자 쓰는 커다란 방에는 온갖 장난감이 다 있답니다. 꼬마 양은 그 장난감들을 가지고 방 안에서 노는 것을 좋아했어요.

그러던 어느 날, 아빠 양은 꼬마 양의 일기장을 엿보게 되었어요. 꼬마 양이 아침에 서두르다가 깜빡하고 침대 위에 일기장을 펼쳐 놓은 채 나간 거죠. 꼬마 양의 일기장에는 이렇게 쓰여 있었어요.

내가 행복해지기 위해 당장 필요한 것들

- ✓ 코끼리의 코처럼 기다란 코. 내 생일 파티 때 그 코로 친구들에게 휘핑크림을 뿌리면 재미있겠지?
- ✓ 암탉 아줌마가 친구에게 받은 달걀처럼 예쁘게 색칠한 달걀.
- ✓ 다람쥐 씨한테 여동생이 찾아왔던 것처럼 반가운 손님이 와서 같이 놀기.
- ✓ 개구리 가족처럼 우리 가족도 멋진 식당에 가서 외식하기.
- ✓ 막내 들쥐가 했던 '고양이와 올빼미' 파티처럼 으스스한 핼러윈 파티 열기.

아빠 양은 꼬마 양이 적어 놓은 목록을 읽고 무척 걱정이 되었어요. 그래서 엄마 양과 한참을 의논했죠. 잠시 후 아빠 양과 엄마 양은 결론을 내렸어요. 드릴로 탐정에게 전화를 걸어서 도와 달라고 부탁하기로요.

드릴로 탐정의 사건 수첩

나는 꼬마 양의 일기장에 적힌 목록을 자세히 분석했어. 다른 동물들이 가진 것들이거나 경험한 일들이더군. 특히 주목해야 할 점은, 꼬마 양이 이 목록에 "내가 행복해지기 위해 당장 필요한 것들"이라는 제목을 달았다는 사실이야. 이 목록이 꼬마 양의 머릿속에 단단히 박혀 있다는 것을 알 수 있지. 꼬마 양에게는 아주 큰 의미를 가지고 있는 목록인 거야.

더 많은 단서를 모으기 위해 꼬마 양의 친구들을 만나서 물어봤어. 최근에 꼬마 양이 뭔가 이상해 보이지 않았느냐고 말이야. 그랬더니 이런 대답들을 들을 수 있었지.

✓ "요새 계속 좀 이상하더라고요. 종종 정신이 엉뚱한 데 가 있는 것 같았어요. 딴생각에 빠져 있나 봐요."
✓ "아무 이유 없이 쏘아붙이거나 못되게 굴었어요. 왜 그러는지 모르겠어요."
✓ "저번에 정말 황당한 행동을 했어요. 반 친구를 확 밀쳐 버렸지 뭐예요."

이제 분명해. 꼬마 양은 다른 동물들을 엄청 부러워하고 있는 거야. **부러움**을 느낀 지 꽤 오래된 거 같아. 그 바람에 꼬마 양은 행복하지도 않고 자기 것에 만족하지도 못하고 있어. 자기가 이미 굉장히 많은 것을 가지고 있다는 사실도 모르다니.

> 안녕! 나 여기 있어! 제발 나 좀 봐 줘! 나야, 나!
> '나야나'. 내 이름도 이거야. 나는 모두가 나에게 관심을 주고 나를 기억해 줘야 직성이 풀려. 그래서 이런 이름이 붙은 거야. 나는 질투라는 감정을 대표해.

질투

사람들의 관심을 받기 위해 지나치게 애쓴다면 그 행동은 질투와 관련 있을 수 있어요. 이 감정은 가족이나 친구같이 우리가 사랑하는 사람들과의 관계에서 생겨나곤 해요. 사랑하는 사람들의 관심이 멀어지고 있다고 생각될 때 우리는 질투를 느끼죠. 예를 들어, 가장 친한 친구가 다른 친구와 놀기로 했다면 질투를 느낄 수 있어요. 엄마 아빠가 언니나 남동생에게 뽀뽀를 해 주었을 때, 남자 친구나 여자 친구가 다른 사람에게 활짝 웃었을 때도 마음속에 질투가 생겨날 수 있죠.

눈은 질투의 대상이 된 사람을 못마땅하게 쳐다봐요.

입술은 약간 일그러진 채로 꼭 다물어요.

감정 측정기로 우리가 얼마나 질투를 느끼는지 확인할 수 있어요. 나에게만 관심을 주었으면 하는 사람을 새장에 가둘 수 있다고 상상해 봐요. 물론 새장에 뭔가를 가두는 것은 절대 좋은 해결책이 아니에요. 우리는 질투라는 감정을 항상 잘 조절해야 한답니다.

1단계 - 약함

질투를 약간 느낄 때 우리는 상대방이 우리에게 주던 관심이나 사랑이 조금 삐걱거린다고 생각해요. 이 정도 질투는 지극히 정상이에요. 질투를 통해 우리가 얼마나 상대방을 신경 쓰는지 보여 줄 수도 있죠.

할 수만 있다면 상대방을 새장에 넣어서 옆에 두고 싶어요. 그래도 상대방이 원할 때는 새장 밖으로 나갈 수 있게 해 줄 거예요.

2단계 - 보통

질투를 꽤 느낄 때 우리는 상대방이 우리에게 주던 관심이나 사랑이 흔들린다고 생각해요. 이 정도 질투는 우리 자신도, 주위의 다른 사람들도 불편하게 만들 수 있어요.

할 수만 있다면 상대방을 새장에 넣어 두고 새장 문 앞에 계속 서서 감시하고 싶어요. 어떤 경우에도 새장 밖으로 나갈 수 없게 말이죠.

3단계 - 강함

질투를 크게 느낄 때 우리는 상대방과의 관계가 완전히 망가졌다고 마음대로 생각해 버려요. 너무 속상해서 주위 사람들에게 심술궂게 굴기도 하죠.

할 수만 있다면 상대방을 새장에 넣어 두고 새장 문을 단단히 잠그고 싶어요. 이 새장의 열쇠는 나만 가지고 있어요. 다른 사람들은 아무도 가까이 오면 안 돼요. 새장 안에서 상대방은 숨을 쉬기도 불편한 작은 감옥에 갇힌 것처럼 느끼겠죠.

드릴로 탐정의 사건 파일 6
불곰네 둘째 딸은 왜 이상해졌을까?

불곰 부부는 세 딸과 함께 살고 있었어요. 아빠 불곰, 엄마 불곰 모두 다정한 성격이고 세 딸 모두를 사랑했죠. 그래서 세 딸과 골고루 시간을 보내려고 노력했어요.

첫째 딸은 학교 숙제나 시험 준비를 하다가 엄마 아빠의 도움을 받아야 할 때가 많았어요. 막내인 셋째 딸은 아직 아기라서 엄마 아빠가 하나부터 열까지 챙겨 줘야 했어요. 반면, 둘째 딸은 언니처럼 숙제나 시험이 있는 것도 아니고 아기 동생처럼 일일이 보살핌을 받아야 하는 것도 아니었어요. 그래서 방에서 혼자 놀 때가 많았죠.

불곰 가족에게는 아무 문제도 없는 듯했어요. 그러던 어느 날이었어요. 아빠 불곰은 첫째 딸에게 쪽지 시험을 내 주고 있었고, 엄마 불곰은 셋째 딸에게 젖병을 물리고 있었죠. 그런데 갑자기 둘째 딸이 방으로 냅다 달려가는 거예요. 이렇게 외치면서 말이에요.

"맨날 언니랑 동생만이야! 맨날!"

불곰 부부는 이게 어떻게 된 상황인지 도무지 알 수가 없었어요. 아무튼 분명한 사실은, 그날부터 둘째 딸이 확실히 달라졌다는 거예요. 슬픈 얼굴로 맥없이 앉아 있거나 버럭버럭 화를 냈죠. 언니와 동생에게 못되게 굴기도 했어요. 불곰 부부는 둘째 딸이 너무 걱정되어서 결국 드릴로 탐정에게 연락을 했어요. 불곰네 집을 방문한 후, 드릴로 탐정은 명확한 해결책을 세웠답니다.

드릴로 탐정의 사건 수첩

불곰네 집에 간 나는 둘째 딸에게 무슨 일이 벌어진 건지 바로 알아냈지. 이렇게 분명한 단서들이 있었으니까.

✓ 아빠 불곰은 첫째 딸의 공부를 도와주고 있었다.

✓ 엄마 불곰은 셋째 딸에게 젖병을 물리고 있었다.

✓ 둘째 딸은 혼자 놀고 있었다.

나의 추리를 더욱 확실히 해 준 단서는 불곰네 둘째 딸이 보인 이상한 반응과 행동이야. 둘째 딸의 슬픔과 화는 사실 다른 감정이 원인이었어. 그 감정은 바로 **질투**. 그래, 둘째 딸은 질투를 느끼고 있었던 거야. 형제자매 사이에서는 때로 부모님의 사랑을 더 많이 받으려고 경쟁하기도 해. 그런 점을 바탕으로 나는 결론을 내렸어.

불곰네 둘째 딸의 질투는 감정 측정기의 **2단계**였어. 그래서 둘째 딸은 언니와 동생에게 그토록 심술궂게 군 거야.

나는 내가 추리해 낸 결론을 불곰 부부에게 설명해 주었어. 해결책도 조언해 주었지. 언뜻 보기에는 둘째 딸이 혼자 잘 노는 것 같아도, 불곰 부부는 첫째 딸과 셋째 딸만큼 둘째 딸과도 매일 함께 시간을 보내야 한다고 말이야. 같이 퍼즐 맞추기를 할 수도 있고, 책을 읽을 수도 있고, 그냥 수다를 떨 수도 있겠지.

안녕! 내 이름은 '우아'야.
내가 가장 좋아하는 말은 "우아아아아아아아아!"지.
나는 항상 놀라서 그저 입을 떡 벌리고 있어.
그래, 나는 놀람이라는 감정을 대표해.

놀람

놀람이란 기대하지 않았거나 생각지도 못한 일이 일어났을 때 생기는 감정이에요. 그 일이 즐거울 때는 긍정적인 의미의 놀람이고 불쾌할 때에는 부정적인 의미의 놀람이죠. 놀람을 느끼면 우리 심장은 마치 순간적으로 멈춘 듯하다가 무지 강하고 빠르게 뛰기 시작해요. 눈썹이 올라가고, 눈이 엄청 커지고, 턱이 아래로 내려가면서 입이 커다란 원 모양으로 벌어져요. 대개 놀람은 아주 짧은 시간 동안만 지속되는 감정이라서 곧 다른 감정으로 바뀌게 돼요.

눈이 휘둥그레져요.

입이 커다란 원 모양으로 벌어져요.

눈썹이 치켜 올라가요.

감정 측정기로 우리가 얼마나 놀람을 느끼는지 확인할 수 있어요. 방 창문 너머로 무언가 날아가고 있다고 상상해 봐요. 무엇이 보이는지에 따라 놀람의 세 단계를 설명할 수 있답니다.

1단계 - 약함

예상하지 않은 일이 눈앞에 펼쳐졌을 때 우리는 놀람을 약간 느껴요. 그 일이 얼마든지 일어날 수 있는 일이라 해도 말이에요.

예를 들어, 창밖을 보고 있는데 갑자기 알록달록 예쁜 연이 날아가는 거예요. 근처에서 놀던 아이가 놓쳤나 봐요. 이럴 때 우리는 약간 놀라게 돼요. 물론 알록달록한 연이 날아가는 것은 얼마든지 있을 수 있어요. 하지만 바로 우리 방 창문 너머로 연이 보이는 것은 자주 있는 일이 아니잖아요.

2단계 - 보통

일어날 가능성이 별로 없는 일이 일어났을 때, 생각지도 못한 일이 갑자기 불쑥 생겼을 때 우리는 놀람을 꽤 느껴요. 예를 들어, 창밖을 보고 있는데 아주 낡은 옛날 비행기가 날아가는 거예요. 이럴 때 우리는 꽤 놀라게 돼요. 자주 일어나는 일도 아닐뿐더러 예상하고 있던 일도 아니니까요.

3단계 - 강함

전혀 상상도 하지 못한 일이 일어났을 때 우리는 놀람을 크게 느껴요. 도저히 믿을 수가 없어서 팔을 꼬집어 보기까지 하죠. 혹시 꿈이 아닌가 확인하려고요.

예를 들어, 창밖을 보고 있는데 코끼리가 날아가지 뭐예요. 그래요, 코끼리가 하늘을 날아간다고요! 이건 너무나도 거짓말 같은 일이에요. 누가 이런 일을 예상할 수 있겠어요. 우리는 너무나 깜짝 놀라 머릿속이 하얘질 지경이에요.

드릴로 탐정의 사건 파일 7
코끼리의 표정에 숨은 비밀

일주일 전에 코끼리의 생일 파티가 열렸어요. 코끼리는 마당에 색색의 풍선을 잔뜩 달아 놓고 친구들과 즐겁게 놀았죠. 선물도 많이 받았고요. 며칠 후, 코끼리의 친구인 하마와 기린이 사진첩을 만들기 위해 만났어요.

"이건 코끼리가 우리 선물을 풀어 봤을 때 찍은 거네." 기린이 한 사진을 가리키며 말했어요.

"아, 그래! 우리 선물을 아주 마음에 들어 했어. 오렌지색 털실로 모자를 짜 주길 정말 잘했지 뭐야." 하마가 맞장구쳤어요.

"이 사진 봐! 코끼리가 코에 휘핑크림을 잔뜩 채웠을 때야."

"하하! 그거 무지 재미있었어. 코끼리가 휘핑크림을 공중으로 뿌리니까 마치 휘핑크림 비가 내리는 것 같았지."

"얼마나 끈적끈적했는지 몰라! 집에 가니까 우리 엄마가 나를 곧장 욕실로 집어넣었어." 기린이 기억을 떠올리며 웃었어요.

"어라, 이 사진은 좀 이상한데! 코끼리가 유령이라도 본 것 같은 얼굴을 하고 있잖아." 하마가 고개를 갸웃했어요.

"그러게. 코끼리가 언제 이런 표정을 지었는지 기억나?" 기린이 물었어요.

"아니, 전혀. 이상하네. 내가 기억하기로, 코끼리는 생일 파티 내내 웃고 있었는데." 하마가 대답했어요.

"뭐지? 무지 궁금한걸. 코끼리한테 우리가 몰랐던 무슨 문제가 있었나 봐."

"이 사진을 드릴로 탐정님에게 보내자. 탐정님이라면 무슨 일인지 알아낼 거야."

드릴로 탐정의 사건 수첩

하마와 기린은 코끼리가 놀란 표정을 짓고 있는 사진을 보고 이상하게 생각했어. 생일 파티 때 코끼리는 항상 웃고 즐거워하는 것처럼 보였으니까. 하마와 기린이 보낸 사진을 분석해 보니 무슨 일이 있었는지 알겠더군.

눈을 크게 떴다.

입을 크게 벌렸다.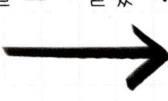

눈썹이 올라갔다.

뭔가에 온 신경이 쏠렸다.

 친구들에게

코끼리의 생일을 축하하기 위해
깜짝 파티를 열 거야.
다음 토요일 오후 4시 50분에
코끼리네 집 마당으로 모여 줘.
코끼리는 5시에 올 거야.
우리 모두 제시간에 도착해서
정해진 자리에 미리 숨어 있어야 해.
그래야 코끼리를 깜짝 놀라게 할 수 있어.
그날 보자.

하마와 기린이

생일 파티 며칠 전에 하마와 기린이 친구들에게 보낸 초대장을 읽어 보고 확신했지. 그래, 내 추리가 맞았군!

사진 속에서 코끼리의 손목시계는 오후 5시를 가리키고 있어. 그러니까 깜짝 파티를 준비한 친구들이 모두 뛰쳐나와 코끼리가 화들짝 놀란 바로 그 순간이지. 말하자면, 사진에 찍힌 감정은 **놀람**인 거야. 하지만 그 감정은 너무 순간적이라서 몇 초 후 사라지고 대신 기쁨이 그 자리를 차지했어.

그러니 하마와 기린은 코끼리가 그런 표정을 지은 것을 기억하지 못할 수밖에.

안녕, 내 이름은 '볼빨간'이야.
나는 모든 게 다 부끄러워. 그래서 아무도 날 보지 못하게 숨어 있곤 하지.
부끄럽지만 말할게. 나는 부끄러움이라는 감정을 대표해.

부끄러움

부끄러움이란 우리가 실수나 잘못을 저질렀을 때, 뜻밖에 칭찬을 받았을 때 느낄 수 있는 감정이에요. 바보 같은 행동 때문에 놀림받을 거라고 생각할 때 우리는 부끄러움을 느끼지요. 이 감정은 소심함과도 관련이 있어요. 소심한 사람들은 별것 아닌 일에도 부끄러움을 느끼곤 하거든요.

부끄러움을 느낄 때 우리 얼굴은 붉게 달아올라요. 그 바람에 주위의 모든 사람에게 부끄러움을 느끼고 있다는 사실을 들켜 버리죠. 그때 누군가 "너 얼굴 빨개졌어!" 하고 외친다면 상황은 더 나빠질 수 있어요. 너무 부끄러워서 얼굴이 더욱 새빨갛게 달아오를지도 몰라요.

얼굴을 손으로 가리고 있어서 남들이 표정을 볼 수가 없어요.

감정 측정기로 우리가 얼마나 부끄러움을 느끼는지 확인할 수 있어요. 어딘가에 숨고 싶을 때를 상상해 보면 부끄러움의 세 단계를 쉽게 알 수 있을 거예요.

1단계 – 약함

부끄러움을 약간 느낄 때 우리는 얼굴이 살짝 달아올라요. 제발 아무도 우리를 보지 않았으면 좋겠어요. 그래서 눈을 내리깔거나 책이나 모자로 얼굴을 가려요. 남들이 아무도 신경 쓰지 않는다면 이 감정은 더 심해지지 않고 금방 사라질 거예요. 예를 들어, 누군가 "오늘따라 너 예뻐 보인다." 하고 칭찬을 했어요. 그럴 때 우리는 부끄러움을 약간 느껴요.

2단계 – 보통

부끄러움을 꽤 느낄 때 우리는 얼굴이 빨갛게 달아올라요. 그럴 때는 책상 아래 숨거나 최대한 빨리 도망쳐서 그 상황에서 벗어나고 싶어요. 예를 들어, 남들 앞에서 미끄러져서 벌러덩 넘어졌다고 해 봐요. 남들이 비웃을까 걱정이 되겠죠. 그럴 때 우리는 부끄러움을 꽤 느껴요.

3단계 – 강함

부끄러움을 크게 느낄 때 우리 얼굴은 마치 불에 닿은 것처럼 화끈거려요. 얼굴이 토마토만큼 새빨개진 것 같아요. 마음을 가라앉히고 이 감정을 없애려고 해도 도무지 없어지지 않아요. 이럴 때는 투명 인간이 되어서 감쪽같이 사라져 버렸으면 좋겠어요. 예를 들어, 실수로 방귀를 뀌었는데 옆의 사람에게 소리도 나고 냄새도 났다고 상상해 봐요. 그럴 때 우리는 부끄러움을 크게 느껴요. 사실 방귀는 누구나 다 뀌는 자연스러운 현상이잖아요. 그래도 부끄러운 걸 어떡해요.

드릴로 탐정의 사건 파일 8
사라진 늑대를 찾아라!

늑대에게는 고약한 취미가 있었어요. 산책을 나가서 동네 이웃들을 놀리고 괴롭히는 것이었죠. 동물들은 늑대의 짓궂은 장난에 질려 버렸어요. 그래서 이번에는 반대로 늑대를 골탕 먹여 보자고 계획을 세웠죠. 어느 날 아침, 늑대는 숲속을 돌아다니다가 동물들이 파 놓은 함정에 쑥 빠지고 말았어요. 구덩이에 진흙이 가득 채워져 있어서 감쪽같이 속은 거죠. 늑대는 화가 나서 마구 소리를 지르며 구덩이 밖으로 기어 나오려 했어요.

하지만 동물들의 복수는 이제 시작이었어요. 달걀과 깃털이 한가득 담긴 커다란 양동이가 구덩이 너머에서 날아 들어왔어요. 늑대는 양동이를 완전히 뒤집어썼죠. 늑대로서는 도저히 믿기지 않는 상황이었어요. 그때 난데없이 신나게 놀려 대는 소리가 들려왔어요. "꼬꼬댁! 꼬꼬댁! 꼬꼬댁! 늑대가 닭 됐다!" 누가 그런 소리를 내는지 알 수가 없었어요. 늑대는 진흙과 깃털로 뒤범벅이 된 채 잔뜩 겁에 질려 줄행랑을 쳤어요. 그런데 늑대가 미처 알아채지 못한 사실이 있었지 뭐예요. 그 꼴로 도망치는 늑대의 모습을 누가 사진으로 찍은 거예요. 찰칵!

다음 날 아침, 숲속 마을 모든 신문의 1면은 똑같은 소식을 담고 있었어요. 사악한 늑대가 닭으로 변했다는 소식이었죠.

여느 때처럼 늑대는 잠에서 깨어나 아침 식사를 하기 위해 카페로 향했어요. 그리고 언제나 그랬듯 팬케이크와 우유 한 잔을 시켰어요. 늑대는 접시와 잔을 들고 카페 한쪽에 꽂혀 있는 신문들 쪽으로 발걸음을 옮겼어요. 와장창! 갑자기 날카로운 소리가 카페 안에 울렸어요. 팬케이크와 우유가 바닥에 내동댕이쳐진 거예요. 늑대는 카페 밖으로 후다닥 도망치듯 달려 나갔어요. 그 후로 사흘째, 아무도 늑대의 행방을 알지 못하고 있답니다. 늑대는 어디로 사라진 걸까요?

드릴로 탐정의 사건 수첩

다들 늑대가 어디로 사라졌는지 몰라서 어리둥절해하고 있어. 이러다 영영 늑대를 볼 수 없을지도 몰라. 그래서 동물들은 나에게 편지를 보내서 늑대에게 무슨 일이 있었는지 말해 주었지. 편지 봉투 안에는 신문도 들어 있었는데 늑대 사건에 관한 기사와 사진이 대문짝만하게 실려 있더군. 깃털을 잔뜩 뒤집어쓴 꼴이라니. 얼마나 민망했을까.

나는 늑대가 아주 심한 **부끄러움**을 느끼고 있다는 것을 단박에 알아챘지. 그 신문을 본 순간 늑대는 어딘가에 숨고 싶었을 거야.

늑대가 자기 집에 들락거리는 모습을 며칠째 아무도 보지 못했어. 그런 일이 있었으니 숲에 다시 갔을 리도 없지. 그때 어떤 기억이 문득 떠올랐어. 늑대도 나도 어린아이였을 때 늑대가 내게 자기만의 비밀 장소를 보여 준 적이 있어. 늑대의 할머니 할아버지 댁 마당 나무 위에 있는 오두막이었지. 나는 늑대가 바로 거기 있을 거라는 생각이 들었어. 그래서 곧장 그곳으로 달려갔지.

역시 내 생각이 맞았어. 늑대는 귀를 축 늘어뜨린 채 오두막 구석에 앉아 있었어. 나를 보자마자 온몸이 새빨개지더군. 늑대가 말하기를, 숲속 마을의 동물들 모두가 자기를 놀려 대고 있다고 생각하니 견딜 수가 없다는 거야. 그동안 못되게 군 것도 후회된다고 하더군. 우리 둘 다 이렇게 결론 내렸어. 늑대는 지금 **부끄러움**을 크게 느끼고 있다고 말이지. 감정 측정기의 **3단계**인 거야.

57

역겨움

내 이름은 '우웩이'야.
모두 나를 그렇게 부르더라고. 내가 항상 코를 쥐고
"우웩!" 하니까 그러나 봐. 하지만 모든 게 다 역겨운 걸 어떡하라고.
나는 역겨움이라는 감정을 대표하지.

무언가 불쾌하거나 못마땅할 때 우리는 역겨움이라는 감정을 느껴요. 역겨움을 일으키는 것은 물건일 수도 있고 사람일 수도 있어요. 냄새나 맛, 이미지, 기억일 수도 있고요. 역겨움은 속을 울렁거리게 하고 심하면 구토를 일으키기도 해요. 그래서 우리는 역겨운 것이 가까이 있다 싶으면 최대한 멀리 떨어지려고 하죠. 역겨움을 느끼면 우리는 코를 찡그리고, 눈을 일그러뜨리고, 윗입술을 쭉 올려요.

윗입술이 코 쪽으로 올라가요.

코에 아코디언처럼 주름이 잡혀요.

감정 측정기로 우리가 얼마나 역겨움을 느끼는지 확인할 수 있어요. 고약한 냄새를 풍기는 것이 가까이 있다고 상상해 봐요. 그러면 역겨움의 세 단계를 쉽게 알 수 있을 거예요.

1단계 – 약함

역겨움을 약간 느낄 때 우리 표정은 살짝 달라져요. 평소 싫어하던 괴상한 냄새를 맡은 것처럼요. 마치 더러운 양말에서 나는 고린내를 맡은 것 같아요. 그래도 너무 강한 냄새는 아니라서 그럭저럭 참을 수는 있어요.

2단계 – 보통

역겨움을 꽤 느낄 때 우리 표정에는 불쾌한 감정이 고스란히 다 드러나요. 그래서 주위 사람들이 우리 감정을 다 알게 되죠. 마치 더러운 것들이 잔뜩 든 쓰레기통에서 나는 고약한 악취를 맡은 것 같아요. 도저히 그 쓰레기통 옆에 있을 수가 없어요. 멀찍이 떨어져 있고 싶죠. 그 냄새를 견디기 힘드니까요.

3단계 – 강함

역겨움을 크게 느낄 때 우리 얼굴은 완전히 구겨져요. 남들 눈에는 아픈 것처럼 보일지도 몰라요. 아주 심하면 구토를 할 수도 있죠. 예를 들어, 썩은 물고기 사체에서 아주 끔찍한 악취가 난다고 생각해 봐요. 너무너무 지독해서 잠시도 그 자리에 있을 수가 없어요. 하던 일을 다 내팽개쳐 버리고 어떻게든 멀리멀리 달아날 수밖에요.

드릴로 탐정의 사건 파일 9
여우는 왜 코에 빨래집게를 하고 있을까?

2주 전에 여우와 거북이는 함께 살기 시작했어요. 둘 다 무척 행복한 나날을 보냈죠. 여우와 거북이는 정말 사이좋은 친구였거든요. 모든 것이 완벽했어요. 그런데 어느 날 여우가 큼직한 빨래집게로 자기 코를 집은 채 부엌에 나타났지 뭐예요.

"좋은 아침이야. 그런데 너 왜 코에 빨래집게를 하고 있니? 불편하지 않아?" 수프를 젓고 있던 거북이가 고개를 갸우뚱하며 물었어요.

"무슨 소리야? 이거 무지하게 편해! 나는 아침마다 이렇게 하는걸. 수염 모양을 멋지게 잡으려고 하는 거야."

그날부터 매일 아침마다 여우는 코에 빨래집게를 한 채 음식을 아주 빨리 먹어 치웠어요.

거북이는 여우의 행동을 이해할 수 없었어요. 그래서 이 궁금증을 풀기 위해 드릴로 탐정을 아침 식사에 초대했어요. 드릴로 탐정이 도착했을 때 여우는 활짝 열린 창문 옆에 앉아 아침 식사를 하고 있었어요. 역시나 코에 빨래집게를 한 채 음식을 후다닥 먹고 있었죠. 거북이는 조용히 수프를 젓고 있었고요. 드릴로 탐정은 부엌 안에 들어서자마자 사진을 몇 장 찍고 코를 킁킁댔어요.

"흠! 냄새가 참! 무슨 요리를 만들고 있나요?" 드릴로 탐정이 밝은 목소리로 물었어요.

"마늘 수프예요! 저희 할머니가 알려 주신 요리죠. 전 아주 오랫동안 아침마다 이 수프를 먹어 왔답니다. 탐정님도 자리에 앉으세요, 마늘 수프 한 그릇 드릴게요."

드릴로 탐정은 헛기침을 했어요. "으음…… 감사합니다만 저는 이만 가 봐야겠어요. 걱정하지 마세요. 제 추리에 필요한 단서는 다 얻었으니까요. 곧 연락드릴게요." 드릴로 탐정은 한쪽 눈을 찡긋하고 밖으로 나갔어요.

드릴로 탐정의 사건 수첩

여우와 거북이의 부엌에 들어가자마자 바로 감이 오더군. 무슨 일이 벌어지고 있는지 딱 추리해 낼 수 있었어.

사건과 관련된 단서들

✓ 여우의 표정. 특히 코에 주름이 잡혀 있었지.

✓ 여우의 태도. 잔뜩 신경이 곤두서서 음식을 엄청나게 빠른 속도로 먹어 치우고 있었어.

✓ 여우의 코에 달려 있던 빨래집게

✓ 밖이 추운데도 활짝 열려 있던 창문

✓ 거북이의 수프에서 풍겨 나오던 강렬한 마늘 냄새

나는 이 단서들을 살펴보고는 스스로에게 이런 질문을 던졌어. "여우가 마늘을 좋아할까?"

대답이야 뻔하지. 여우가 마늘을 좋아한다는 건 있을 수 없는 일이야. 그러니까 여우는 마늘 때문에 **역겨움**을 느끼고 있었던 거지. 부엌 안의 상황을 분석한 다음, 나는 여우가 느낀 역겨움이 감정 측정기에서 **2단계**라고 판단했어. 만약 1단계였다면 여우는 굳이 빨래집게까지 하고 있지는 않았을 거야. 만약 3단계였다면 여우는 거북이가 요리를 하는 동안 부엌에 있지도 못했겠지. 빨래집게를 하고 있어도 그 냄새를 참지 못했을걸.

사랑

> 안녕, 자기! 내 이름은 '달콤이'야.
> 내가 세상에서 가장 좋아하는 게 뭐게? 바로 안아 주는 거랑 뽀뽀해 주는 거야. 나는 사랑이라는 감정을 대표하거든.

사랑은 상대방을 무척 아끼고 다정히 대하는 감정이에요. 우리는 가족이나 연인, 친구같이 우리가 좋아하는 사람들에게 사랑을 느껴요. 반려동물에게도 사랑을 느끼고요.

사랑을 느낄 때 우리는 상대방과 함께 시간을 보내고 싶어 해요. 다정한 말을 건네거나 안아 주거나 뽀뽀를 해서 우리 감정을 보여 주고 싶어 하죠. 또 상대방을 걱정하기도 하고, 행복하게 해 주려고 애쓰기도 한답니다.

환한 미소를 지어요.

눈이 반짝여요.

감정 측정기로 우리가 얼마나 사랑을 느끼는지 확인할 수 있어요. 나비들이 배 속에서 날아다니는 느낌을 상상해 봐요. 그러면 사랑의 세 단계를 쉽게 알 수 있을 거예요.

1단계 - 약함

사랑을 약간 느낄 때 우리 마음속에서는 즐거움이 자라나 꽃처럼 활짝 펴요. 어쩌면 우리 자신은 그 사실을 미처 알아채지 못할 수도 있어요. 그래도 이미 우리는 누군가에게 좋은 느낌을 가지기 시작한 거예요.
마치 배 속에서 나비 한 마리가 부드럽게 팔랑거리는 듯한 느낌이라고나 할까요.

2단계 - 보통

사랑을 꽤 느낄 때 우리 마음속에서는 즐거움이 더욱 커져요. 사랑을 느끼는 상대방이 다른 사람들보다 훨씬 더 특별한 사람처럼 느껴지죠. 그 사람과 함께 더 많은 시간을 보내고 싶고요. 이런 사실을 우리 자신도 잘 알고 있답니다.
마치 배 속에서 나비가 열두 마리나 날아다니는 듯한 느낌이 들어요.

3단계 - 강함

사랑을 크게 느낄 때 우리는 상대방에게 온 신경을 쏟아 부어요. 이 세상에서 내가 상대방을 가장 많이 생각하는 것 같죠. 사랑하는 사람이 없는 삶은 상상조차 할 수 없어요.
마치 배 속에서 세상 모든 나비가 한데 모여 축제를 벌이는 것 같아요. 때로는 사랑이 너무 넘쳐서 배 속이 아릿아릿하기도 하죠.

드릴로 탐정의 사건 파일 10
드릴로 탐정의 특별한 감정

지난번에 드릴로 탐정은 사슴이 무서움이라는 감정을 발견하고 이해하도록 도움을 주었어요. 그 이후로 드릴로 탐정과 사슴은 종종 함께 시간을 보냈어요. 함께 달리기를 하기도 하고 또 함께 저녁을 먹고서 영화를 보기도 했죠.

어느 날 저녁, 드릴로 탐정과 사슴은 숲속 마을의 강둑을 따라 산책을 하고 있었어요. 그러다가 사슴이 드릴로 탐정에게 말했어요. 그 말은 드릴로 탐정의 마음을 완전히 뒤흔들어 놓았어요. 바로 이런 말이었거든요.

"저는 당신과 함께 시간을 보내는 게 정말 좋아요, 드릴로 탐정님."

사슴은 드릴로 탐정의 손을 조심스럽게 잡았어요. 그 순간 드릴로 탐정의 온몸에 전기가 찌릿찌릿 흐르는 듯했어요. 전에는 느껴 보지 못한 완전히 새로운 감정이었죠.

집에 돌아오고 나서도 드릴로 탐정은 그날 저녁 사슴과 있었던 일에 대해 생각하고 또 생각했어요. 드릴로 탐정이 느낀 감정은 아주아주 특별했어요! 마치 마음속에서 불꽃이 튀는 것만 같았죠. 처음 경험해 보는 이 감정이 대체 무엇인지 드릴로 탐정은 꼭 알아내고 싶었어요.

드릴로 탐정의 사건 수첩

사슴과 산책을 할 때 나 자신에게 무슨 일이 일어난 걸까? 감정 측정기로 추리해 보기로 했어. 이 일은 감정과 관계된 것이 분명하니까. 나는 감정 측정기를 빙글빙글 돌리면서 나 자신에게 몇 가지 질문을 던졌어.

✓ 사슴을 자주 떠올리나?

✓ 사슴을 떠올릴 때 가슴이 벌렁거리나?

✓ 사슴을 매일매일 보고 싶나?

✓ 사슴 곁에 갈 때마다 심장이 쿵쾅거리나?

내 대답은 전부 다 "그래."였지.
따라서 감정 측정기에서 가리킨
감정은 바로……

사랑! 그래, 나는 사슴에게 사랑을 느끼고 있어. 분명해. 이건 **사랑 2단계**야.
지금까지 내 감정도 못 알아채고 있었다니!

감정을 잘 조절하게 해 주는 **감정 사용법**

지금까지 드릴로 탐정의 감정 측정기에 있는 감정들에 대해 알아보았어요. 그럼 이제 몇 가지 행동을 실천해 볼 차례예요. 이 행동들은 여러분이 감정을 잘 조절할 수 있게 도와줄 거예요. 특히 참기 힘든 상황이 일어났을 때 많은 도움이 될 거예요.

나 자신의 감정뿐 아니라 다른 사람들의 감정을 아는 것도 중요해요. 드릴로 탐정이 내는 연습 문제들을 풀다 보면 앞에 나온 감정들을 보다 쉽게 이해할 수 있을 거예요.

감정 사용법들을 하나하나 익혀 두면 우리 스스로도 더욱 행복해질 수 있고 다른 사람들의 감정도 더 잘 챙길 수 있어요. 감정을 제대로 알고 올바르게 조절하는 것, 그리고 나와 다른 사람들의 마음을 돌보는 것이 바로 이 책의 목표랍니다.

긍정적인 감정들 vs 부정적인 감정들

감정 측정기에 있는 감정들 중 긍정적인 감정은 어느 것일까요? 또 부정적인 감정은 어느 것일까요? 이렇게 나눌 수 있을 거예요.

★ **긍정적인 감정** – 기쁨, 사랑, 놀람(즐거운 경우)
★ **부정적인 감정** – 슬픔, 화, 무서움, 부러움, 질투, 부끄러움, 역겨움, 놀람(불쾌한 경우)

여러분은 어떻게 생각하나요? 고개가 끄덕여지나요?

긍정적인 감정들은 우리를 기분 좋게 만들어요. 항상 느끼고 싶고 나누고 싶은 감정이죠.
부정적인 감정들은 우리와 우리 주위 사람들을 기분 나쁘게 만들어요. 웬만하면 느끼고 싶지 않고 피하고 싶은 감정이죠.
잠깐! 그렇다고 항상 긍정적인 감정만 느낄 수 있을까요? 항상 기쁘기만 하다면 그게 정상일까요? 무서움을 전혀 느끼지 않는다면 그게 과연 도움이 될까요?

대답은 "아니요"랍니다.

항상 기쁠 수만은 없어요. 기쁨을 느끼는 것이 어울리지 않는 경우도 있답니다. 예를 들어, 무언가 중요한 것을 잃어버렸다고 상상해 봐요. 이럴 때 기뻐한다면 좀 이상하잖아요. 슬픔을 느끼는 것이 자연스럽죠.

부정적인 감정이 도움이 되거나 꼭 필요한 경우도 있어요. 위험한 상황이 닥쳤을 때는 무서움이라는 감정이 우리를 보호해 줘요. 예를 들어, 벌집에 손을 넣으려다가 무서움을 느껴서 그만두는 거예요. 만약 무서움이라는 감정이 없다면 큰일이 나겠죠.

맛있는 케이크를 만든다고 상상해 봐요.

케이크 재료
- ✓ 밀가루
- ✓ 설탕
- ✓ 달걀
- ✓ 버터
- ✓ 베이킹파우더
- ✓ 소금

이 재료들 모두 알맞은 양이 들어가면 맛있는 케이크가 완성될 거예요. 취향에 따라 재료의 양을 약간씩 다르게 할 수도 있어요. 그러면 조금 다른 케이크가 만들어지겠죠. 하지만 이 재료들 중 어느 하나라도 너무 많이 들어가거나 너무 적게 들어가면 제대로 된 케이크가 나올 수 없어요.

아주 약간의 소금은 케이크에 감칠맛을 더해 줘요. 하지만 소금을 너무 많이 넣으면 짭짤한 케이크가 되어 버려요. 적당한 양의 밀가루는 케이크를 폭신폭신하게 만들어 줘요. 하지만 밀가루를 너무 많이 넣으면 벽돌처럼 딱딱한 케이크가 되어 버리죠.

감정도 케이크 재료와 비슷해요. 너무 많아서도 안 되고 너무 적어서도 안 되죠. 감정의 양이 알맞아야 해요. 그래야 적절하고 유용하게 쓰여서 우리가 균형 잡힌 생활을 할 수 있답니다.

예를 들어, 슬픔은 우리가 도움을 받을 수 있도록 해 줘요. 화는 우리가 옳고 정당하다고 생각하는 것을 요구할 수 있도록 해 주죠. 무서움은 우리가 위험한 상황을 피할 수 있도록 보호해 줘요. 질투는 우리가 가까운 사람들의 소중함을 깨닫고 더 신경 쓸 수 있도록 도와주고요. 부러움은 우리가 더 나은 사람이 되도록 노력하게 하고 스스로를 더 챙기도록 해 줘요. 부끄러움은 우리가 나쁜 짓을 하거나 상황에 맞지 않게 행동하는 것을 막아 줄 수 있죠. 역겨움은 우리가 썩은 음식을 멀리할 수 있도록 도와줘요. 놀람은 우리에게 경고를 보내서 눈앞의 위험에 제대로 대처할 수 있도록 해 준답니다.

따라서 어떤 감정이든 상황과 잘 어울리면서 지나치게 강하지 않고 적당하다면 우리에게 도움을 준답니다.

이 책에서 배운 것을 어떻게 사용하면 될까요?

우리 자신의 감정을 더 잘 알기 위해서는 두 가지 방법이 있어요.

첫 번째 방법은 감정이 궁금할 때마다 각각의 감정 사용법을 읽고 그대로 실천하는 거예요. 하나하나 처음부터 순서대로 읽어도 좋아요. 차례 페이지를 보고 그 순간 느끼고 있는 감정을 찾아서 그 부분을 펼쳐 읽어도 좋고요.

두 번째 방법은 어떤 감정이 생겨나면 그 즉시 감정 측정기를 이용해서 감정을 확인하는 거예요.

다음 순서대로 따라 해 봐요.

1. 어떤 일이 일어나면 그 결과에 따른 감정이 생겨나요.

2. 그 감정이 어떤 것인지 생각해 봐요.

3. 이 책에서 그 감정에 대해 다루는 페이지를 펼쳐요. 그 페이지에 나와 있는 설명을 읽으면 지금 느끼고 있는 감정이 여러분이 생각한 감정이 맞는지 확인할 수 있을 거예요.

4. 여러분이 생각한 감정이 맞나요? 그렇다면 그 감정의 세 단계에 대해 읽어 보고 1, 2, 3단계 중 몇 단계인지 확인해 봐요. 잘 모르겠다고요? 너무 어렵게 생각하지 않아도 돼요. 우리 스스로가 생각하기 나름이니까요. 맞는 답도 틀린 답도 없답니다. 드릴로 탐정의 사건 수첩을 읽어 보면 도움이 될 거예요. 다 확인했나요? 그러면 감정 측정기에서 그 감정을 찾아 알맞은 단계를 표시해 놓아요.

5. 그 감정의 사용법이 나와 있는 페이지를 펼쳐요. 그리고 거기 적혀 있는 대로 실천해 봐요.

6. 그 감정이 몇 단계인지 다시 확인해 봐요. 아까와 다르다면 감정 측정기에서 단계 표시기를 다시 움직여요. 0단계로 낮아졌다면 그 감정이 사라졌다는 의미예요. 이런 경우에는 새로운 감정이 생겨날 수도 있어요. 새로운 감정이 생겨났다면 7번으로 가요.

7. 지금 느끼고 있는 새로운 감정이 어떤 것인지 확인해 봐요. 그 감정을 잘 조절하고 싶다면 3번으로 가서 이 과정을 반복해요.

우리는 대개 어느 한 가지 감정을 조금 더 강하게 느끼지만 종종 여러 감정을 동시에 느끼기도 해요. 감정 측정기를 이용하면 "나는 슬픔을 느끼고 있지만 화도 약간 느끼고 있어." 하는 식으로 자세히 확인할 수 있어요. 우리 자신의 감정을 제대로 알수록 감정을 잘 조절할 수 있답니다.

코끼리의 감정 확인하기

1. 코끼리에게 안 좋은 일이 일어났어. 아주 소중하고 특별한 손목시계를 길에서 잃어버린 거야.

2. 코끼리는 자기가 느끼고 있는 감정이 슬픔이라더군.

3. 코끼리는 이 책의 30쪽을 펼쳤어. 그 페이지에 슬픔에 대한 설명이 나와 있거든. 코끼리는 그 설명을 읽고 자기가 느끼는 감정을 제대로 확인했어.

4. 그러고 나서 코끼리는 슬픔의 세 단계에 대한 설명을 읽었어. 그 손목시계는 무척 소중한 것이기 때문에 코끼리는 자기 감정이 2단계라고 판단했어. 자기가 생각하기에도 슬픔을 꽤 느끼고 있는 것 같았지. 그래서 코끼리는 감정 측정기에서 슬픔을 찾아 2단계에 표시를 했어.

5. 감정 측정기로 감정을 확인한 후, 코끼리는 이 책의 74쪽과 75쪽을 펼쳤어. 그리고 슬픔 사용법을 읽고 연습 문제를 풀었지. 코끼리는 지금 자기 감정이 대부분 슬픔이지만 화도 약간 있다는 것을 알게 되었어.

6. 책에 나온 대로 행동한 후, 코끼리는 자기 감정이 몇 단계인지 다시 생각해 보았어. 확실히 기분이 더 나아져 있었지. 여전히 슬픔을 느끼고는 있지만 2단계에서 1단계로 낮아진 거야. 코끼리는 감정 측정기에서 단계 표시기를 움직였어. 지금 코끼리는 슬픔을 약간만 느끼고 있어. 하지만 내일은 모두 잊어버릴 테고 슬픔은 0단계로 내려가겠지. 내일이면 코끼리는 더는 슬프지 않을 거야.

7. 어쩌면 내일은 코끼리에게 기쁨이라는 감정이 생길지도 몰라.

기쁨 사용법

기쁨은 세상에서 가장 즐겁고 신나는 감정들 중 하나예요. 기쁨이라는 감정이 우리를 찾아왔을 때 이 감정을 최대한 많이 누릴 수 있는 방법을 알아 둔다면 더욱 좋겠죠.

하루하루 지내다 보면 정말로 기분 좋은 일이 생기기도 해요. 그 순간에 기쁨은 우리 마음속에서 중요한 자리를 차지하고 있어요. 예를 들어, 친구들과 소풍을 갈 때 우리는 큰 기쁨을 느껴요. 그래서 그 순간을 한껏 즐기려고 하죠. 누구도 그 순간을 절대 망칠 수 없어요.

기쁨을 더욱 잘 누리려면 어떻게 하는 것이 좋을까요?

- ✓ 방방 뛰고, 신나게 춤추고, 큰 소리로 노래를 불러요.
- ✓ 환하게 미소를 지어요. 큰 소리로 깔깔 웃어도 좋아요.
- ✓ 함께 기쁨을 나눌 사람을 찾아요.
- ✓ 밖에 나가 돌아다니며 신나게 놀아요.

 감정 측정기로 기쁨을 확인하고 몇 단계인지 알아볼 수 있어요.

- ✓ 맛있는 것을 한입 가득 먹고 그 맛을 음미해요.
- ✓ 재미난 동화책을 읽거나 모험 영화를 봐요.
- ✓ 창조적인 일을 해요. 무언가를 예쁘게 꾸민다든가, 무언가를 손으로 직접 만들어 봐요.
- ✓ 여러분이 얼마나 멋진 감정을 느끼고 있는지 스스로에게 말해요. "무지하게 기분 좋아! 최고야!"

기쁨을 잘 누리는 것도 중요하지만, 그렇다고 기쁨에 너무 취해서 해야 할 일을 깜빡 잊어버리면 안 돼요.

드릴로 탐정의 연습 문제

기쁨의 세 단계를 얼굴에 표현해 봐요. 거울 앞에서 하면 더 재미있을 거예요.

- ✓ 1단계 – 약함
- ✓ 2단계 – 보통
- ✓ 3단계 – 강함

슬픔 사용법

살아가다 보면 종종 우리를 슬프게 하는 일들이 일어나요. 슬픔은 누구나 으레 느끼는 감정이에요. 슬픔을 굳이 거부해서는 안 돼요. 슬픔이 필요할 때도 있거든요. 슬픔 덕분에 우리는 주위의 도움을 받을 수도 있고 마음에 들지 않는 무언가를 바꿀 수도 있죠. 다른 사람들의 아픔을 이해할 수도 있고요. 하지만 슬픔이 우리 삶을 너무 크게 흔들지는 않도록 조심해야 해요. 우리는 적절한 경우에 슬픔을 느낄 줄도 알아야 하지만, 우리 삶이 지나치게 어두워진다면 슬픔을 멀리 보낼 줄도 알아야 해요.

가장 친한 친구를 여름 방학 내내 만나지 못한다고 상상해 봐요. 친구와 작별 인사를 하면서 우리는 슬픔을 느낄 거예요. 이건 무척 자연스러운 일이에요. 하지만 만약 그 슬픔이 지나치게 강하고 너무 오래 지속된다면 슬픔에서 벗어나기 위해 노력해야 해요.

슬픔을 잘 조절하려면 어떻게 하는 것이 좋을까요?

첫째, 슬픔을 마음속에 품기

- ✓ 울고 싶다면 울어도 좋아요. 마음속에 가득 찬 슬픔을 표현해 봐요.
- ✓ 슬픔의 원인이 된 그 일을 떠올려 봐요. 지금 슬픔을 느끼는 것이 당연하다고 생각될 거예요.
- ✓ 기댈 수 있는 사람에게 속마음을 이야기해요.
- ✓ 사랑하는 사람에게 위로해 달라고 해요.
- ✓ 슬픔을 해결할 방법을 천천히 생각해 봐요.

둘째, 슬픔을 마음 밖으로 내보내기

- ✓ 무언가 즐거운 것을 떠올려요.
- ✓ 신나는 음악을 틀어요.
- ✓ 친구와 만나자고 약속을 잡아요.
- ✓ 기운을 북돋아 주는 운동이나 활동을 해요.
- ✓ 스스로에게 이렇게 말해요.
  "다 지난 일이잖아."
  "그 일을 자꾸 생각하는 건 시간 낭비야."

폭풍 속에서 흠뻑 젖었는데 비를 멈출 수도, 옷을 말릴 수도 없다면 어떨까요?
그럴 때는 아예 다른 행동을 하는 게 어때요? 빗속에서 신나게 춤을 출 수도 있잖아요.

 감정 측정기로 슬픔을 확인하고 몇 단계인지 알아볼 수 있어요. 슬픔이 지나치게 강한지, 너무 오래 지속되고 있는지도 판단할 수 있을 거예요.

드릴로 탐정의 연습 문제

다음 중 누가 슬픔을 느끼고 있을까요?

화 사용법

마음에 들지 않는 일이 일어났을 때 우리 마음속에는 화가 생겨나요. 화를 느끼는 것 자체는 자연스러운 일이에요. 화가 난다면 적당히 화를 드러낼 수는 있지만 화가 너무 커지지 않도록 잘 다스려야 해요.

예를 들어, 친구가 자꾸 무시한다면 "네가 날 투명 인간처럼 대해서 마음이 안 좋아"라고 진지하게 말할 수 있겠죠. 그러면서 화가 선을 넘지 않도록 조심하는 거예요. 만약 그 선을 넘어서 화를 조절할 수 없게 되면 화산이 폭발한 것처럼 걷잡을 수 없어요. 펄펄 뛰며 소리를 빽빽 질러서 주위 사람들을 불쾌하게 만드는가 하면, 물건을 부수기도 하고, 심지어 누군가를 때리기도 하죠. 나중에 후회할 게 뻔한데도 말이에요. 그러니 화를 느낄 때는 마음속의 불꽃이 너무 활활 타오르기 전에 빨리 끄는 편이 좋아요.

화를 내는 바람에 모든 게 엉망진창이 되었어도 스스로를 너무 탓하지는 마요. 실수를 할 때도 있죠. 다음번에는 화를 더 잘 다스리면 돼요.

 감정 측정기로 화를 확인하고 몇 단계인지 알아볼 수 있어요. 화가 지나치게 강한지, 너무 오래 지속되고 있는지도 판단할 수 있을 거예요.

화를 잘 다스리려면 어떻게 하는 것이 좋을까요?

✓ 숨을 깊게 쉬어요.

✓ 무언가를 하기 전에 1부터 10까지 세요.

✓ 여러분을 화나게 하는 상황을 조금 거리를 두고 바라봐요.

✓ 누군가에게 화가 났나요? 그렇다면 그 사람이 어떤 입장인지, 왜 그렇게 행동했는지 생각해 봐요.

✓ 무언가 기분을 바꿀 만한 것을 찾아요. 화를 돋우는 그 일이 더는 머릿속에 떠오르지 않도록 주의를 돌리는 거예요.

✓ 스스로에게 이렇게 말해요. "걱정하지 마!" "그렇게 중요한 건 아냐!"

✓ 요가나 명상같이 화를 풀어 주는 운동이나 활동을 해요.

✓ 화가 조금은 가라앉았다 싶으면 처음에 왜 화가 났는지 누군가에게 털어놓아요.

✓ 도저히 참을 수가 없어서 마구 화를 내 버리고 말았나요? 지금이라도 늦지 않았어요. 사람들에게 미안하다고 말해요.

마음속에 작은 불씨가 일었나요? 그럼 서둘러요! 그냥 내버려 두면 안 돼요! 불씨가 더 커지기 전에 양동이에 물을 받아 불을 꺼요. 타다 남은 불씨까지 완전히 없애야 해요.

드릴로 탐정의 연습 문제

다음 중 화가 났을 때 하는 행동으로 가장 자연스러운 것은 무엇일까요?

① 미소를 지어요.
② 몸을 숨겨요.
③ 소리를 질러요.

답을 골랐나요? 그렇다면 답이 아닌 다른 행동들은 어떤 감정과 어울릴까요?

무서움 사용법

무서움은 우리가 위험에 처했을 때 느끼는 자연스러운 감정이에요. 물론 무서움을 느끼는 것은 기분 좋은 일은 아니죠. 그래도 무서움은 무척 도움이 되는 감정이랍니다. 우리를 위험으로부터 보호해 주거든요.

예를 들어, 자동차들이 씽씽 지나다니는 고속도로를 가로질러 건너간다고 상상해 봐요. 이럴 때는 무서움을 느끼는 것이 도움이 돼요. 위험한 행동을 하지 않도록 막아 주잖아요.

상상 속에서만 존재하는 것이나 현실에서는 거의 일어나지 않는 일에 무서움을 느낄 수도 있어요. 하지만 그 바람에 하고 싶은 일이나 해야 할 일을 제대로 하지 못한다면 곤란하죠.

예를 들어, 상어가 나타날까 무서워서 바다에 아예 들어가지 않으려고 하는 거예요. 이 바다에는 상어가 나타난 적이 없다고 주위 사람들이 몇 번이나 말했는데도 말이에요. 이럴 때는 무서움을 느끼는 것이 문제가 될 수 있답니다.

무서움이 강하거나 너무 오래 지속되면 우리 삶은 완전히 악몽이 될 거예요. 그렇게 되지 않도록 감정 측정기로 무서움을 확인하고 몇 단계인지 알아봐요.

무서움을 이겨 내려면 어떻게 하는 것이 좋을까요?

- ✓ 숨을 깊게 쉬어요. 똑바로 서서 가슴을 펴요.
- ✓ 나쁜 일이 생길 것 같다는 생각은 하지 마요. '그 일이 일어날 가능성은 거의 없어'라고 생각해요.
- ✓ 민들레 씨앗을 "후!" 불어요. 민들레 씨앗이 날아가는 것을 보면서 여러분의 두려움도 함께 날아간다고 상상해요.
- ✓ 무서움을 이겨 내기 위해서는 작은 행동부터 시작해요. 예를 들어, 바다에서 수영하는 것이 무섭다면 처음에는 바닷물에 발목까지만 담가 봐요. 다음에는 무릎까지 담그고, 그다음에는 허리까지 담그는 거예요. 어때요, 괜찮죠? 이제 곧 여러분은 바다에서 물고기처럼 수영할 수 있을 거예요!
- ✓ 자신감을 가져요. 거울을 보며 이렇게 말해요. "넌 할 수 있어!" "넌 용감해!"

커다란 털북숭이 거미가 방을 기어 다니고 있다면 그냥 눈을 돌리고 무시해요.
그러면 거미는 점점 작아져서 어디론가 사라져 버릴 거예요.

드릴로 탐정의 연습 문제

무서운 순서대로 다음 상황들에 번호를 매겨 봐요.

이 상황들보다 더 무서움을 느끼는 상황으로는 어떤 것이 있을까요? 네 가지를 더 생각해 봐요.

부러움 사용법

누구나 어떤 순간에 부러움을 느낄 수 있어요. 부러움은 자연스러운 감정이에요. 꽤 도움이 되는 감정이기도 하죠. 부러움 때문에 우리는 무언가를 시작할 수도 있고 우리 자신을 더욱 발전시킬 수도 있거든요. 예를 들어, 책을 잘 읽는 친구를 보면 부러움을 느껴요. 우리는 그 친구처럼 되고 싶어서 노력하겠죠.

우리가 하고 싶은 일을 다른 누군가 할 때 우리는 부러우면서도 동시에 기분이 좋을 수 있어요. 예를 들어, 가장 친한 친구가 외국으로 여행을 간다고 해 봐요. 우리도 여행을 가고 싶으니 친구가 엄청 부러워요. 한편 친구가 멋진 곳에서 즐거운 시간을 보낼 것을 상상하니 기분이 좋기도 하죠.

이런 부러움이라면 문제 될 일이 없어요. 하지만 부러움에 눈이 멀어 다른 것을 보지 못한다면 어떨까요? 친구가 가진 것이 너무나 부러워서 그 친구에게 심술궂게 군다면 어떻게 될까요?

예를 들어, 반 친구가 새 자전거를 샀다고 해 봐요. 여러분이 오랫동안 갖고 싶어 한 바로 그 자전거예요. 그 친구가 너무 부러워서 심술궂은 마음이 생겨요. 그래서 반 아이들 앞에서 그 친구를 놀려 대는 거예요. 이렇게 부러움이 너무 커져서 잘못된 행동을 하기 전에 부러움을 적절히 조절해야 해요.

 감정 측정기로 부러움을 확인하고 몇 단계인지 알아볼 수 있어요.

부러움을 잘 조절하려면 어떻게 하는 것이 좋을까요?

✓ 여러분이 어떤 감정을 느끼는지 틈틈이 기록해 둬요. 어떤 경우에 부러움을 느끼는지 알 수 있을 거예요.

✓ 여러분이 가진 특별한 장점을 모두 적어 놓아요.

✓ 그 장점들 중 하나를 골라서 그 장점과 관련해 스스로 무척 자랑스러웠던 일을 떠올려 봐요. 예를 들어, 뛰어난 상상력이 장점이라면 상상력이 가득 담긴 글을 써서 칭찬 받은 일을 떠올려 보는 거예요.

✓ 여러분이 특별히 더 아끼는 물건을 모두 적어요.

✓ 그중 하나를 골라서 그 물건과 관련해 굉장히 즐거웠던 시간을 떠올려 봐요. 예를 들어, 아끼는 물건이 물감이라면 그 물감으로 그림을 그렸던 시간을 떠올려 보는 거예요.

✓ 스스로에게 이렇게 말해요. "이 모든 것을 가졌다니 정말 행운이야!" "다른 사람들이 무엇을 가졌든 난 필요 없어."

우리가 느끼는 부러움을 상자 하나에 모두 담아 놓는다고 해 봐요. 그 상자가 제법 크다면 옷장 속 가장 어두운 구석에 숨겨 둬요. 시간이 지나면 그 상자는 마술처럼 사라져 있을 거예요. 이제 더는 부러움을 느끼고 있지 않은 거죠.

드릴로 탐정의 연습 문제

세 가지 상황 중 어떤 상황에서 부러움을 느끼고 있을까요?

질투 사용법

대부분의 감정이 그렇듯, 질투 역시 낮은 단계일 때는 그다지 우리를 불편하게 하지 않아요. 어떤 때는 질투가 도움이 되기도 하죠. 질투는 우리가 무엇을 신경 쓰고 있는지 보여 주거든요. 또 우리에게 관심과 애정이 필요하다는 것을 주위에 알려 주기도 해요.

예를 들어, 엄마가 동생을 안아 줄 때 우리는 질투를 약간 느껴요. 그래서 "나도 안아 줘!" 하고 엄마를 향해 팔을 벌리며 다가가죠.

하지만 질투가 강해지면 문제가 생겨요. 질투를 너무 크게 느끼면 우리 자신도 기분이 안 좋을 뿐만 아니라 주위 사람들의 기분까지 상하게 할 수 있거든요. 때로는 질투가 너무 심해서 잘못된 행동을 하기도 하죠.

예를 들어, 엄마가 동생을 안아 줄 때 질투가 심하게 나면 이렇게 생각하게 돼요. '엄마가 동생만 사랑하는 것 같아. 나한테는 이제 관심도 없나 봐.' 그래서 엄마가 자리를 비웠을 때 동생이 만들고 있던 장난감 성을 발로 차서 무너뜨려요. 게다가 다른 장난감으로 동생을 때리기까지 해요.

감정 측정기로 질투를 확인하고 몇 단계인지 알아볼 수 있어요. 질투가 지나치게 강해졌다면 잠시 혼자만의 시간을 가져 봐요.

질투를 잘 조절하려면 어떻게 하는 것이 좋을까요?

✓ 질투를 느낀다면 왜 질투가 나는지 솔직히 털어놓아요.

✓ 질투로 마음이 흔들리지 않으려면 자존감을 가져야 해요. 자존감을 가지게 해 주는 방법으로는 이런 것들이 있어요.
  - 여러분만의 특징이나 장점을 세 문장으로 설명해 봐요.
  - 온갖 재료를 사용해서 여러분의 모습을 그려 봐요. 활짝 웃는 모습 아래에 이렇게 써요. "나는 특별해!"

✓ 누구나 여러 사람을 동시에 사랑하고 챙길 수 있어요. 그러니 여러분이 사랑하는 사람이 다른 누군가에게 애정을 준다고 해서 서운해할 필요가 없어요. 사랑을 빼앗긴 것도, 사랑이 변한 것도 아니니까요. 이 사실을 꼭 명심해요.

✓ 사랑하는 사람과 보내는 시간을 최대한 즐겨요.

✓ 여러분이 사랑하는 사람이 다른 누군가에게 애정을 준다면 여러분도 그 누군가에게 애정을 줘요. 부루퉁해 있지 말고요.

새장을 열고 질투를 싹 날려 버려요. 사랑하는 사람이 자기가 하고 싶은 대로 하도록 놔줘요. 자유롭게 느낄수록 그 사람은 여러분 곁에 있고 싶어 할 거예요.

드릴로 탐정의 연습 문제

다음 중 질투를 느낄 만한 상황은 무엇일까요?

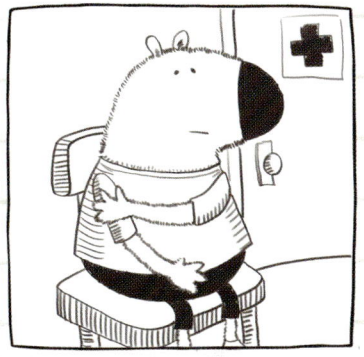  

놀람 사용법

여기서는 놀람이란 감정이 긍정적일 때를 다루어요. 이 경우에 놀람은 아주 즐거운 자극을 줘요. 비록 오래 지속되지는 않지만요. 전문가들이 그러는데, 적절한 때 적절히 놀람을 느끼는 것은 우리에게 도움이 된대요. 놀람은 기쁨으로 이어지는 아주 기분 좋은 감정이니까요.

토요일 아침, 가족 모두가 함께 집을 나섰어요. 뭔가 해야 할 일이 있나 봐요. 그런데 알고 보니 놀이동산에 가는 거래요! 이럴 때에 우리는 엄청난 놀람을 느껴요. 정말 즐거운 날이죠!

감정 측정기로 놀람을 확인하고 몇 단계인지 알아볼 수 있어요. 대개 놀람은 아주 짧은 순간만 느낄 수 있어요. 놀람이 꽤 오래 지속되려면 운이 아주 좋아야 한답니다.

놀람을 제대로 즐기려면 어떻게 해야 할까요?

- ✓ 일단 크게 웃어요. 여러분이 얼마나 멋진 감정을 느꼈는지 사람들에게 이야기해요. 그리고 그런 감정을 느끼게 해 준 사람들에게 고맙다고 말해요.
- ✓ 특별히 크게 놀람을 느낀 경험을 떠올려 봐요. 그때의 기분을 되살려 봐요.
- ✓ 사랑하는 사람을 깜짝 놀라게 해 줘요. 다른 사람에게 놀람을 느끼게 하는 것도, 다른 사람 덕분에 놀람을 느끼는 것도 모두 커다란 즐거움이랍니다.
- ✓ 친구와 함께 놀람을 느껴 봐요. 즐거운 일은 함께하면 즐거움이 두 배가 된답니다.
- ✓ 스스로에게 이렇게 말해요. "대박이다!" "정말 대단한데!" "엄청 재밌어!"

창밖으로 날아다니는 코끼리를 본다면 여러분은 어떻게 하겠어요?
꿈이 아닌가 의심하지 마요. 꿈에서 깨어나겠다며 팔을 꼬집지도 말고요.
어떻게든 이해하려고 시간 낭비하지 말라는 거예요. 그저 이 놀라운 순간을 즐기면 되잖아요!

드릴로 탐정의 연습 문제

다음 그림들을 보고, 각각의 그림과 관련해 놀람을 느끼는 상황을 상상해 봐요.

부끄러움 사용법

상황에도 맞고 지나치지도 않다면 부끄러움이란 감정은 우리에게 도움이 될 수 있어요. 우리가 올바르게 행동하도록 해 주거든요. 이런 식이죠. "잠옷과 슬리퍼 차림으로 길거리에 나가면 얼마나 부끄러울까. 그러니까 항상 단정하게 입고 밖에 나가야지."

또 부끄러움은 우리가 자신의 모습을 있는 그대로 받아들이도록 해 줘요. 이런 식이죠. "난 올해 크리스마스 공연에서 노래를 부르면 안 돼. 아는 노래도 없는 데다가 연습을 하나도 안 했잖아."

하지만 부끄러움이 너무 자주 생기거나 너무 심하면 문제가 될 수 있어요. 하고 싶은 것을 하지 못할 수도 있고, 으레 못할 거라고 스스로 선을 그어 버릴 수도 있거든요. 이런 식이죠. "나는 기타 연주하는 게 좋아. 하지만 무대에 올라 남들 앞에서 연주해야 한다면 어떡하지? 으으! 상상만 해도 너무 부끄러워! 공연을 엉망진창으로 망쳐 버릴지도 몰라!"

 감정 측정기로 부끄러움을 확인하고 몇 단계인지 알아볼 수 있어요. 강한 부끄러움을 자주 느낀다면, 부끄러움을 이겨 내기 위해 노력해야 해요.

부끄러움을 물리치려면 어떻게 하는 것이 좋을까요?

- ✓ 여러분이 부끄러움을 느끼는 그 일을 다른 사람들은 알아차리지도 못하는 경우가 많아요. 너무 부끄러워하지 말아요.
- ✓ 실수를 저질렀나요? 우스꽝스러운 행동을 했나요? 그럼 그냥 다른 사람들과 함께 웃어 버려요. 여러분의 실수를 별것 아닌 일로 만들어 주거든요.
- ✓ 부끄러움을 느꼈던 일을 자꾸 떠올리지 마요.
- ✓ 스스로에게 이렇게 말해요. "실수해도 괜찮아. 누구나 실수를 저지르잖아." "나는 최선을 다할 뿐이야." "솔직히, 재밌긴 재밌었잖아."

너무 부끄러워서 투명 인간이 되고 싶나요? 세상에서 사라져 버리고 싶나요? 하지만 이 사실을 생각해 봐요. 다른 사람들이 모두 즐거워하고 있는 동안 구석에 혼자 쭈그려 앉아 있으면 정말 심심하다는 것을요.

드릴로 탐정의 연습 문제

부끄러움으로 얼굴이 빨개진 친구가 있어요. 이 친구를 도와주려면 어떻게 하는 것이 좋을까요?

① 친구를 놀려요.

② 친구 얼굴이 빨개졌다고 주위에 떠들어요.

③ 친구에게 괜찮다고 말해 줘요. 별것 아닌 일처럼 넘겨 버려요.

역겨움 사용법

역겨움이란 감정은 우리가 좋지 않은 상황이나 물건에 가까이 가지 않게 해 줘요. 역겨움을 느낄 법한 상황이나 물건을 피하게 해 주지요. 그래서 우리는 역겨움 덕분에 상한 음식을 먹지 않을 수 있어요. 어때요, 역겨움도 꽤 쓸 만하죠?

이처럼 역겨움은 우리가 건강하고 깨끗한 환경에서 살 수 있도록 도와준답니다. 그런데 일상생활에서 흔히 접하는 상황에서도 역겨움을 느낄 때가 있어요. 이럴 때는 문제가 될 수 있죠.

예를 들어, 이런 거예요. "난 파리만 보면 너무 역겨워. 파리가 한 마리라도 가까이 있으면 멀리 도망가지. 파리가 앉은 물건을 만진다는 건 상상도 할 수 없어. 파리가 내 몸에 앉는다면, 으악, 정말 끔찍해! 최고로 싫은 건 파리 떼에 둘러싸여 있는 거야. 그래서 나는 여름에 아무리 더워도 창문을 꽁꽁 닫아 놔. 웬만하면 시골로 놀러 가지도 않지. 왜냐고? 파리가 정말 역겨우니까!"

 감정 측정기로 역겨움을 확인하고 몇 단계인지 알아볼 수 있어요. 역겨움이 너무 강해서 하고 싶은 일을 하지 못할 정도라면 역겨움을 줄이기 위해 노력해야 해요.

역겨움을 이기려면 어떻게 하는 것이 좋을까요?

✓ 역겨움과 싸우는 한 가지 방법은 여러분의 감각을 속이는 거예요. 이렇게 한번 해 봐요.
  - 아름다운 꽃들이 가득 피어 있는 들판을 달리고 있다고 상상해요. 또는 따뜻한 섬의 바닷가에서 물놀이를 하고 있다고 상상해요.
  - 향기로운 향수 냄새를 맡고 있다고 상상해요.
  - 무언가 맛있는 음식을 먹고 있다고 상상해요.

✓ 딴 데로 주의를 돌려요. 다른 무언가에 집중해 봐요.

✓ 스스로에게 이렇게 말해요. "그건 별로 역겹지 않아." "난 참을 수 있어."

✓ 때로는 건강에 좋은 것에도 역겨움을 느낄 수 있어요. 겉모습이 마음에 들지 않는다는 이유로 말이죠. 이런 것들은 한 번쯤 눈을 딱 감고 시도해 봐요. 실제로는 별거 아니라는 사실을 알게 될 거예요.

고린내 나는 양말이 있을까 봐 가고 싶은 곳에도 가지 않으려 하나요? 이 점을 꼭 기억해요. 그런 사소한 것쯤은 아무것도 아니에요. 그냥 무시해 버려요. 그곳에는 다른 멋진 것들이 더 많잖아요!

드릴로 탐정의 연습 문제

다음 중 누가 역겨움을 느끼고 있을까요? 왜 역겨움을 느끼는 걸까요?

사랑 사용법

사랑은 이 세상에 존재하는 모든 감정 중에서 가장 필요하고 멋진 감정일 거예요. 사랑이란 감정을 가장 아름답게 사용하는 법은 바로 사랑을 보여 주고 표현하는 것이랍니다.

기쁨이나 즐거운 놀람과 마찬가지로, 사랑은 우리에게 행복을 가져다줘요. 그러니 가능한 한 사랑을 많이 표현하고 많이 즐기고 많이 느끼는 것이 중요하겠죠.

평소에 사랑을 느끼는 순간에 대해 이야기해 봐요. 예를 들어, 이렇게요. "하루 중에 내가 가장 좋아하는 시간은 엄마가 나를 침대에 눕혀 줄 때죠. 엄마는 항상 내 옆에 잠깐 누워 있어요. 우리는 서로 안아 주고, 뽀뽀를 하고, 서로를 얼마나 사랑하는지 말해요."

 감정 측정기로 사랑을 확인하고 몇 단계인지 알아볼 수 있어요.

사랑을 표현하려면 어떻게 하는 것이 좋을까요?

✓ 서로 안아 줘요.

✓ 정성 어린 선물을 직접 만들어서 줘요.

✓ 적어도 하루에 한 번은 "사랑해!"라고 말해요.

✓ 사랑하는 사람과 함께할 수 있는 활동을 찾아요.

✓ 스스로에게 이렇게 말해요. "사랑하는 사람들과 함께 있다니 난 정말 행복해!"

드릴로 탐정의 연습 문제

이 책을 마무리하기에 딱 좋은 행동이 있어요. 따라 해 봐요.

✓ 사랑하는 사람을 위한 그림을 그려서 선물해요.

✓ 세 번 꼭 안아 줘요.

✓ "사랑해!"라고 세 번 말해요.

감정 측정기를 직접 만들어 봐요!

재료 : 가위, 풀, 똑딱단추, 펀치 또는 송곳

1. 옆 페이지를 뜯어서 점선을 따라 그림들을 잘라요.

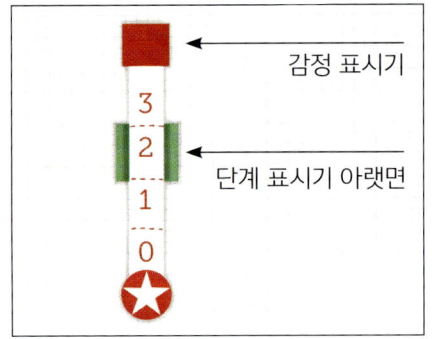

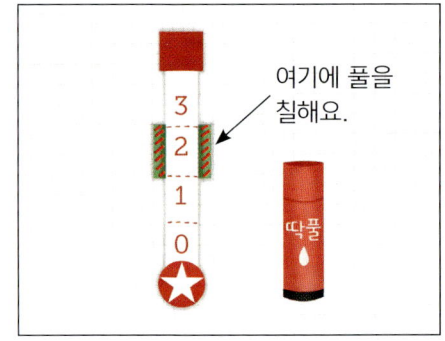

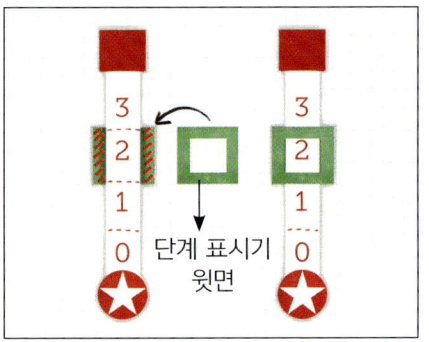

2. 단계 표시기 아랫면을 감정 표시기 아래에 놓아요. 가운데에 잘 맞추어 놓으면 감정 표시기 양쪽으로 초록색 부분이 조금 보일 거예요.

3. 단계 표시기에서 감정 표시기 양쪽으로 나온 초록색 부분에 풀을 칠해요. 풀이 안쪽까지 묻지 않도록 조심해요. 단계 표시기에 감정 표시기가 붙어 버리면 안 되니까요.

4. 풀칠한 단계 표시기 아랫면에 맞추어 단계 표시기 윗면을 붙여요. 단계 표시기 아랫면과 윗면 사이에 감정 표시기가 반드시 놓여 있어야 해요.

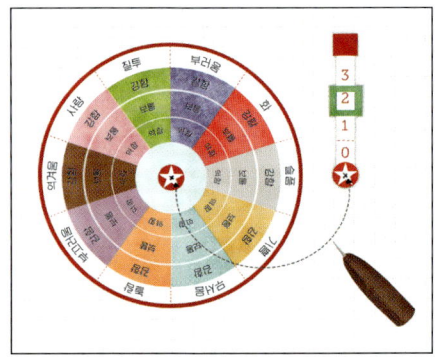

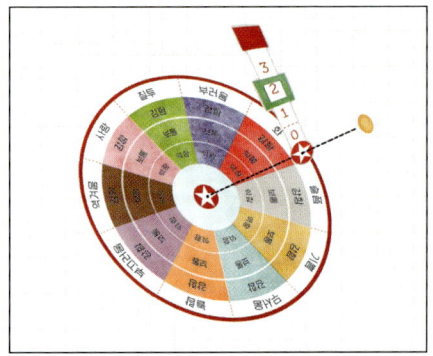

5. 단계 표시기가 위아래로 잘 움직이는지 확인해 봐요.

6. 감정 표시기에 있는 별의 가운데에 송곳으로 구멍을 내요. 감정판 한가운데 있는 별에도 똑같이 구멍을 내요.

7. 감정판 위에 감정 표시기를 놓은 다음 가운데에 있는 별 모양을 서로 맞춰요. 겹쳐진 두 구멍에 똑딱단추를 끼워서 고정하면 돼요.

출발!

자, 감정 측정기가 완성되었어요! 이제 감정 측정기를 돌려서 지금 여러분의 감정을 알아봐요.

찰리북 블로그에서 감정 측정기 설계도와 독후 활동지를 내려받으세요!

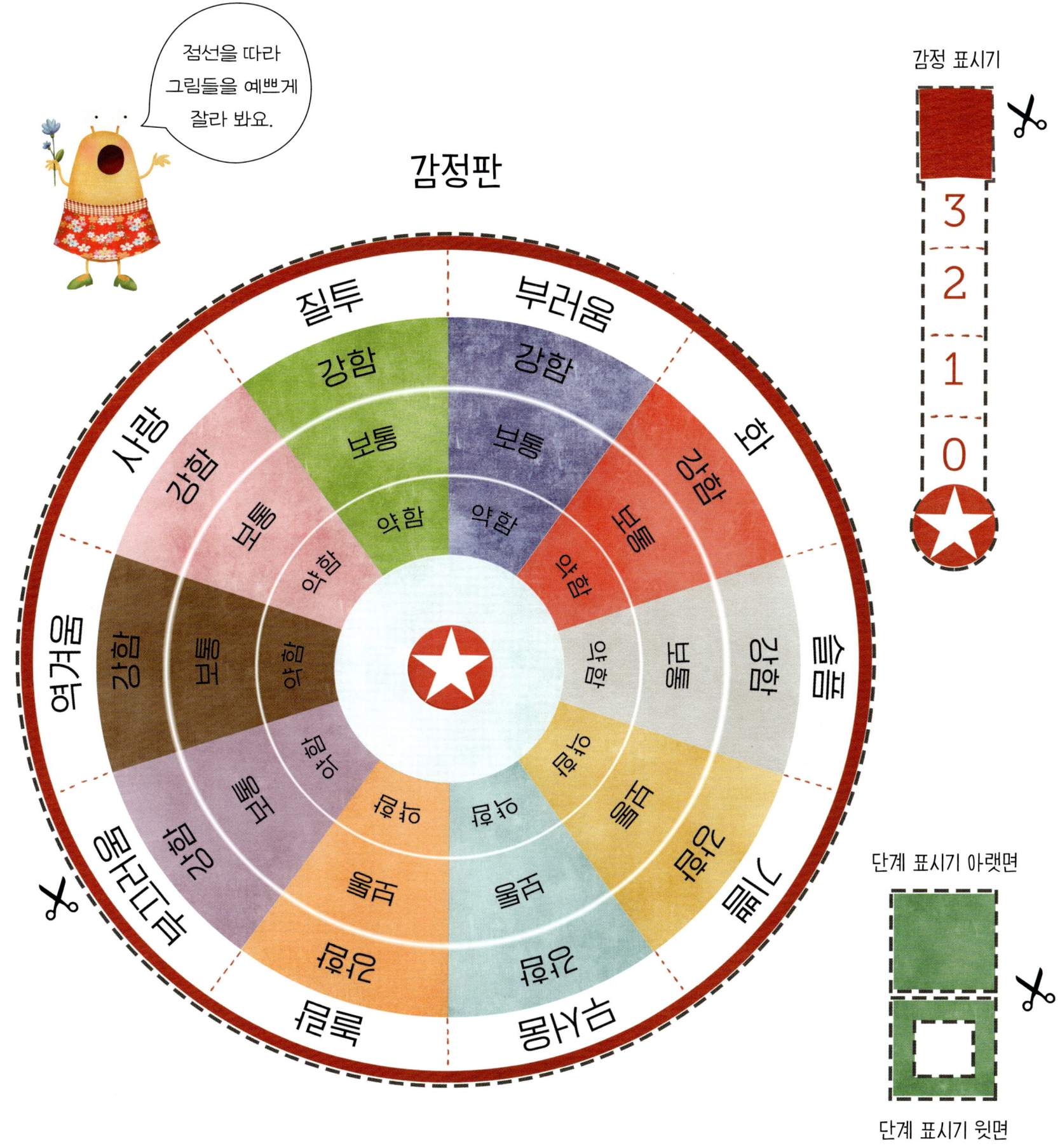